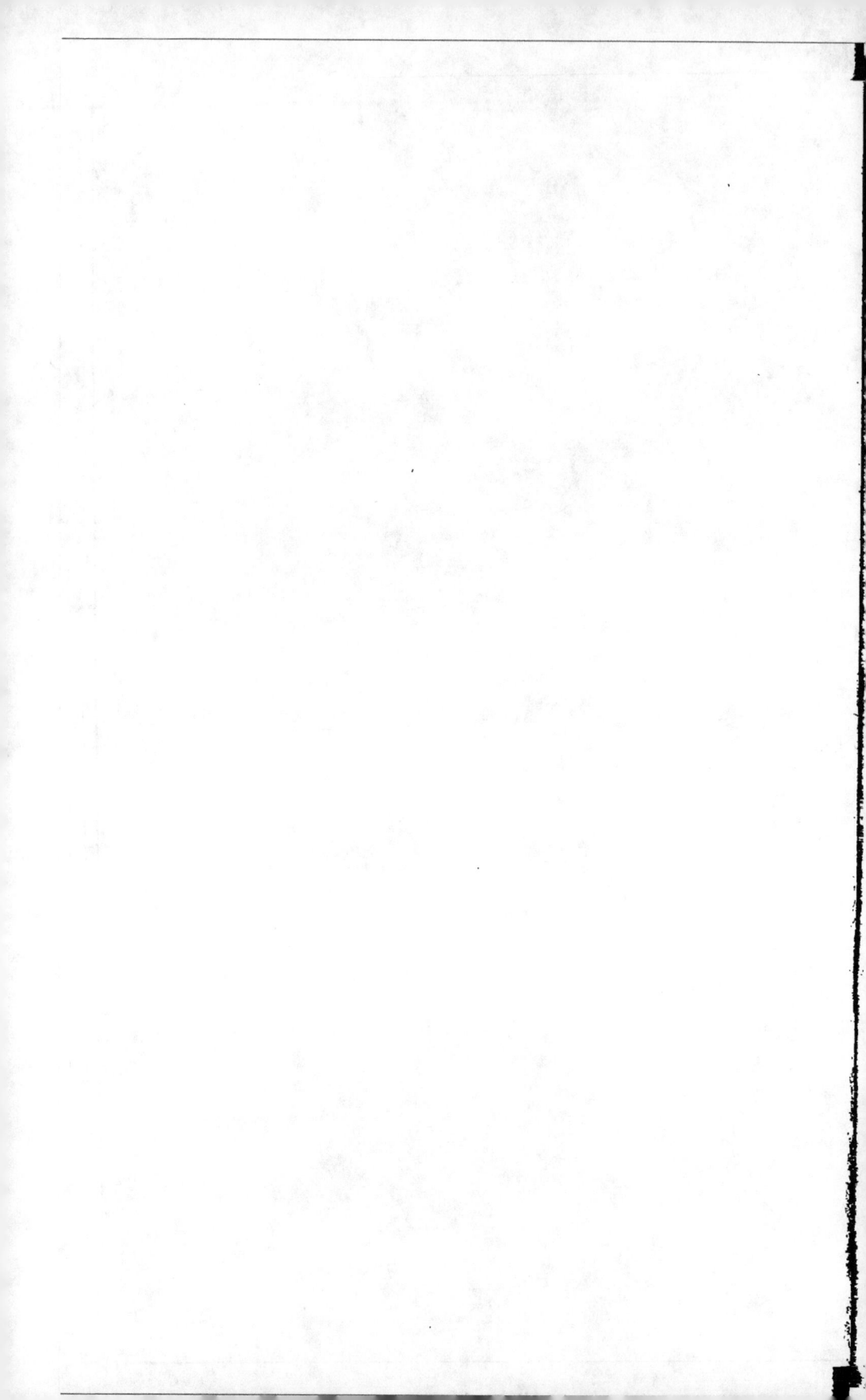

Ministère de la Guerre.

EXTRAIT
DE L'INSTRUCTION
pour l'enseignement
DE LA GYMNASTIQUE
DANS LES CORPS DE TROUPES
ET
LES ÉTABLISSEMENTS MILITAIRES;
PRÉCÉDÉ
DU LIVRET DE COMMANDEMENTS
A L'USAGE DES INSTRUCTEURS DES RÉGIMENTS,
Par le Capitaine C. D'ARGY.

APPROUVÉE
Par M. le Ministre Secrétaire d'État de la Guerre,
LE 24 AVRIL 1846.

PARIS
LIBRAIRIE MILITAIRE DE J. DUMAINE,
ANCIENNE MAISON ANSELIN,
Rue et Passage Dauphine, 30.

1850

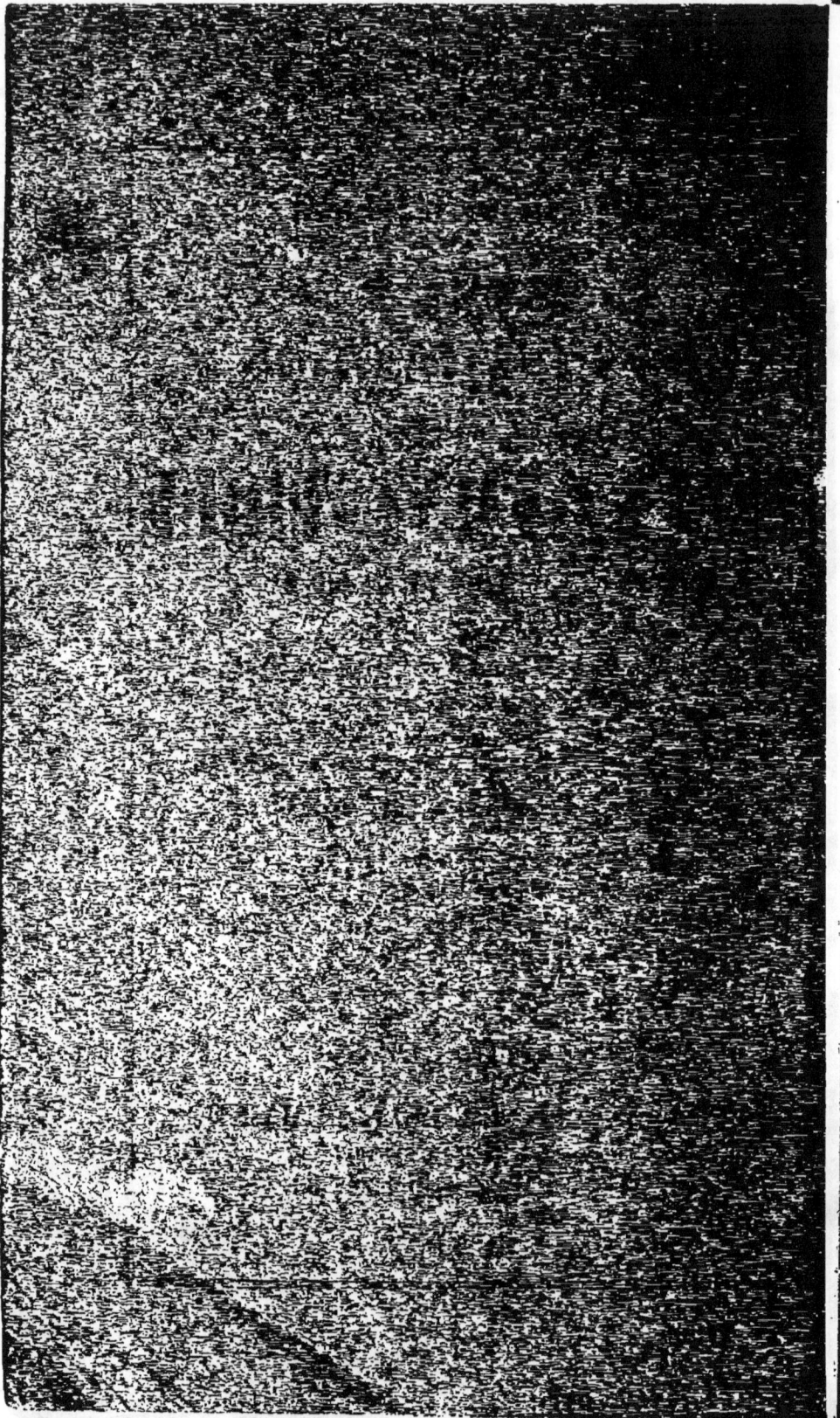

EXTRAIT

DE L'INSTRUCTION

POUR

L'ENSEIGNEMENT

DE LA GYMNASTIQUE.

Imprimerie de COSSE et J. DUMAINE, rue Christine, 2.

Ministère de la Guerre

EXTRAIT

DE L'INSTRUCTION

pour l'enseignement

DE LA GYMNASTIQUE

DANS LES CORPS DE TROUPES

ET

LES ÉTABLISSEMENTS MILITAIRES ;

PRÉCÉDÉ

DU LIVRET DE COMMANDEMENTS
A L'USAGE DES INSTRUCTEURS DES RÉGIMENTS.

Par le Capitaine C. D'ARGY.

APPROUVÉ

Par M. le Ministre Secrétaire d'État de la Guerre,
LE 24 AVRIL 1846.

PARIS

LIBRAIRIE MILITAIRE DE J. DUMAINE,

ANCIENNE MAISON ANSELIN,

Rue et Passage Dauphine, 3o.

1850

AVERTISSEMENT.

Le matériel destiné à l'enseignement gymnastique dans les corps est incomplet ou en dépérissement depuis l'année 1848; il ne permet pas, à de très-rares exceptions, de suivre toutes les prescriptions de l'Instruction du 24 avril 1846.

On s'occupe de réorganiser cette partie importante de la gymnastique : dans un temps, plus ou moins rapproché, les régiments seront pourvus d'un matériel uniforme; trente et une collections sont déjà versées au magasin central de Paris

En attendant que cette mesure s'étende à toute l'armée, nous croyons rendre service aux sous-officiers instructeurs, en faisant un extrait de tous les exercices gymnastiques du règlement de 1846 qui peuvent s'exécuter dans les cours, dans les chambres ou autres lieux, sans avoir besoin d'une grande variété de machines ou instruments.

En effet, on peut se procurer partout, à peu de frais, des poignées à lutter, des mils (ou massues) des arcs-boutants, une corde un peu longue et des perches à sauter.

Cet extrait est classé par ordre de matières; il comprend tous les exercices élémentaires, les sauts, la natation et les courses; nous en avons tracé le résumé par leçons avec les *commandements* en regard des exercices. Ce résumé peut se détacher et servir à commander ou à suivre avec facilité la progression de tous les exercices, après qu'on aura lu attentivement le texte; c'est, à notre avis, la partie la plus utile aux instructeurs.

Nous nous proposons de donner une suite à cet extrait, lorsque les corps seront pourvus de tous les appareils nécessaires à un enseignement complet.

Messieurs les officiers instructeurs des bataillons n'en devront pas moins posséder le Règlement entier de 1848 (*); les dessins et modèles d'état qu'il contient leur sont absolument nécessaires pour la construction des appareils, l'enseignement théorique, l'intelligence du texte et l'établissement des rapports mensuels.

G. D'ARGY.
Capitaine au 70e régiment d'infanterie.

(*) Édité chez J. Dumaine, rue et passage Dauphine, n° 36, à Paris.

DIVISION PAR LEÇONS.

Livret de Commandements à l'usage des Instructeurs des régiments.

EXERCICES ÉLÉMENTAIRES.

PREMIÈRE LEÇON.

ART. 1er.—*Mouvements de la tête et du corps.*

Numéros de l'inst.	EXERCICES.	COMMANDEMENTS.
8	Tourner la tête à droite et à gauche.	1. Tournez la tête à droite et à gauche. 2. UN, DEUX. 3. FIXE.
9	Fléchir la tête en avant et en arrière. . . .	1. Flexion de la tête en avant et en arrière. 2. UN, DEUX. 3. FIXE.
10	Fléchir la tête vers la droite et vers la gauche.	1. Flexion de la tête vers la droite et vers la gauche. 2. UN, DEUX. 3. FIXE.
11	Fléchir le corps en avant et en arrière.	1. Flexion du corps en avant et en arrière. 2. COMMENCEZ. 3. CESSEZ.

ART. 2.—*Mouvements des bras.*

12	(») Mouvement vertical des bras sans flexion.	1. Attention. 2. Elevez et abaissez les bras sans flexion. 3. COMMENCEZ. 4. CESSEZ.

(») Tous les exercices marqués de ce signe sont soumis à un rhytme.

Numéros de l'inst.	EXERCICES.	COMMANDEMENTS.
13	(») Mouvement vertical des bras avec flexion.	1. Attention. 2. Elevez et abaisses les bras avec flexion. 3. COMMENCEZ. 4. CESSEZ.
14	Circumduction latérale des bras.	1. Attention. 2. Circumduction des bras. 3. COMMENCEZ. 4. CESSEZ.
15	(») Mouvement horizontal des avant-bras.	1. Attention. 2. Mouvement horizontal des avant-bras. 3. COMMENCEZ. 4. CESSEZ.
16	Etendre les bras latéralement et verticalement.	1. Attention. 2. Etendez les bras latéralement et verticalement. 3. COMMENCEZ. 4. CESSEZ.

ART. 3. — *Mouvements des jambes.*

17	(») Fléchir la jambe.	1. Attention. 2. Flexion de la jambe.. { cadence modérée (1) (ou accélérée ou de course). 3. MARCHE. 4. HALTE.

(1) La cadence modérée est de 76 mouvements par minute ; la cadence accélérée, de 120 ; et la cadence de course, de 200. Cet exercice et le suivant peuvent s'exécuter avec les mains sur les hanches.

Numéros de l'inst.	EXERCICES.	COMMANDEMENTS.
18	(») Fléchir la cuisse et la jambe.	1. Attention. 2. Flexion de la cuisse et de la jambe.. . cadence modérée (ou accélérée ou de course.) 3. MARCHE. 4. CESSEZ.
20	(») Fléchir sur les extrémités inférieures.	1. Attention. 2. Flexion sur les extrémités inférieures. 3. COMMENCEZ. 4. CESSEZ.
21	(») Courses dans les chaînes gymnastiques.	1. Peloton en avant. 2. Course cadencée (1). 3. MARCHE. 4. HALTE.

ART. 4. — *Exercices pyrrhiques.*

23	(») Exercice pyrrhique.	1. Exercice pyrrhique (extrémités droites (ou gauches) en avant. 2. EN POSITION. 3. MARCHE. 4. HALTE.

DEUXIÈME LEÇON.

ART. 1er. — *Equilibres.*

24	Se tenir sur une jambe, l'autre ployée en avant.	1. Attention. 2. Equilibre sur le pied droit, la jambe gauche ployée en avant. 3. EN POSITION. 4. En place REPOS.

(1) La vitesse du pas de course cadencée est de 200 mouvements par minute.

Numéros de l'inst.	EXERCICES.	COMMANDEMENTS.
25	Se tenir sur une jambe, l'autre ployée en arrière.	1. Attention. 2. Equilibre sur le pied droit, la jambe gauche ployée en arrière. 3. EN POSITION. 4. En place REPOS.
26	Poser les genoux à terre et se relever.	1. Attention. 2. GENOUX A TERRE. 3. DEBOUT.
27	Se pencher en avant sur un pied.	1. Attention. 2. Equilibre sur le pied droit, le corps penché en avant. 3. EN POSITION. 4. En place REPOS.
28	Se pencher en arrière sur un pied.	1. Attention. 2. Equilibre sur le pied droit, le corps penché en arrière. 3. EN POSITION. 4. En place REPOS.
29	Se pencher à droite ou à gauche sur un pied.	1. Attention. 2. Equilibre sur le pied droit, le corps penché à droite. 3. EN POSITION 4. En place REPOS.

ART. 2. — *Mouvements des bras.*

30	(*) Frapper la poitrine avec les poings.	1. Attention. 2. Frappez la poitrine. 3. COMMENCEZ. 4 CESSEZ.
31	Lancer alternativement les poings en avant.	1. Attention. 2. Lancez alternativement les poings en avant. 3. COMMENCEZ. 4. CESSEZ.

Numéros du l'inst.	EXERCICES.	COMMANDEMENTS:
32	Supporter des boulets avec les mains.	1. Attention. 2. Port du boulet avec la main droite (ou la main gauche, ou les deux mains.) 3. EN POSITION. 4. REPOS.
33	Lancer les boulets avec les mains.	1. Attention. 2. Lancez le boulet en avant. 3. EN POSITION. 4. UN, DEUX, TROIS.
34	Lancer une barre de fer à bras ouverts.	S'exécute en trois temps, sans commandement.

ART. 3. — Mouvements des jambes.

50	Flexion simultanée des jambes (1).	1. Attention. 2. Flexion simultanée des jambes. 3. MARCHE. 4. HALTE.
52	Flexion simultanée des cuisses et des jambes.	1. Attention. 2. Flexion simultanée des cuisses et des jambes. 3. MARCHE. 4. HALTE.
53	Sautillement sur les jambes.	1. Attention. 2. Sautillement sur la jambe droite (ou sur la gauche ou sur les deux jambes). 3. MARCHE. 4. HALTE.

(1) Cet exercice et le suivant s'exécutent les mains placées sur les hanches ou les bras pendants, ou bien en s'aidant des deux bras.

Il se continue au commandement de *un* répété chaque fois, il s'exécute aussi à volonté.

Numéros de l'inst.	EXERCICES.	COMMANDEMENTS.
54	Fléchir sur les extrémités inférieures et marcher dans cette position.	1. Attention. 2. Flexion sur les extrémités inférieures. 3. En avant. 4. MARCHE. 5. HALTE.
55	Porter un boulet avec le pied.	1. Attention. 2. Portez le boullet avec le pied droit (ou le pied gauche). 3. EN POSITION. 4. En place REPOS.
56	Marcher sur la pointe des pieds.	1. Attention. 2. En avant sur la pointe des pieds. 3. MARCHE. 4. HALTE.
57	Marcher sur les talons.	1. Attention. 2. En avant sur les talons. 3. MARCHE. 4. HALTE.
58	Marcher en montant.	Sans commandement particulier.
59	Marcher en descendant.	Idem.

ART. 4. — *Exercices des mils.*

37	Porter le mil à l'épaule.	1. Portez le mil à l'épaule droite (ou gauche). 2. UN. 3. DEUX.
38	Porter le mil en arrière.	1. Portez le mil en arrière. 2. UN. 3. DEUX.
39	Renverser le mil en arrière.	1. Renversez le mil en arrière. 2. UN. 3. DEUX.

Numéros de l'instr.	EXERCICES.	COMMANDEMENTS.
40	Porter le mil en avant.	1. Portez le mil en avant. 2. Un. 3. Deux.
41	Porter le mil en dehors à droite.	1. Portez le mil en dehors à droite. 2. Un. 3. Deux. 4. Trois 5. Quatre.
42	Porter le mil en dedans à gauche.	1. Portez le mil en dedans à gauche. 2. Un. 3. Deux. 4. Trois. 5. Quatre.
43	Porter le mil horizontalement en avant et le passer au-dessus de la tête.	1. Passez le mil au-dessus de la tête. 2. Un. 3. Deux. 4. Trois.
44	Elever le mil verticalement et le passer derrière la tête.	1. Passez le mil derrière la tête. 2. Un. 3. Deux. 4. Trois.
45	Abaisser le mil et le et le passer autour du corps.	1. Passez le mil autour du corps. 2. Un. 3. Deux. 4. Trois.
46	Passer le mil en cercle par la gauche ou par la droite.	1. Passez le mil en cercle par la gauche. 2. Un, 3. Deux.
47	Poser le mil à terre.	1. POSEZ LE MIL A TERRE.

Numéros de l'instr.	EXERCICES.		COMMANDEMENTS.
48	Porter le mil à bras tendu.		1. Portez le mil à bras tendu. 2. Un. 3. Deux.

ART. 5. — Luttes.

Numéros de l'instr.	EXERCICES.		COMMANDEMENTS.
59	Positions préliminaires.	Pour grouper les lutteurs.	1. Attention. 2. Numéros impairs : Élevez le bras gauche. 3. Vers la gauche cherchez vos antagonistes. 4. Marche. 5. Fixe.
		Pour les faire rentrer en ligne.	1. Numéros impairs, par la gauche rentrez en ligne. 2. Marche.
60	Lutte des poignets, les doigts croisés.		1. Lutte des poignets les doigts croisés. 2. En position. 3. Luttez. 4. Cessez (ou roulement).
61	Lutte des phalanges des doigts.		1. Lutte des phalanges des doigts, numéros pairs (ou impairs) les ongles en dessus. 2. En position. 3. Luttez. 4. Cessez (ou roulement).
62	Lutte des poignets croisés.		1. Lutte des poignets croisés. 2. En position. 3. Luttez. 4. Cessez (ou roulement).
63	Lutte des avant-bras.		1. Lutte des avant-bras. 2. En position. 3. Luttez. 4. Cessez (ou roulement).

Numéros de l'inst.	EXERCICES.	COMMANDEMENTS.
64	Lutte des épaules.	1. Lutte des épaules. 2. En position. 3. Luttez. 4. Cessez (ou roulement).
65	Lutte debout avec des poignées.	1. Lutte debout avec des poignées. 2. Extrémités gauches (ou droites) en avant. 3. En position. 4. Luttez. 5. Cessez (ou roulement).
66	Lutte à trois avec des poignées.	1. Lutte à trois avec des poignées. 2. En position. 3. Luttez. 4. Cessez (ou roulement).
67	Lutte assis avec des poignées.	1. Lutte avec les poignées étant assis. 2. En position. 3. Un, deux, trois.
68	Lutte des arcs-boutants.	1. Lutte des arcs-boutants. 2. Extrémités droites en avant. 3. En position. 4. Luttez. 5. Cessez (ou roulement).
69	Lutte de traction à deux.	1. Lutte de traction à deux. 2. Extrémités droites en avant. 3. En position. 4. Luttez. 5. Cessez (ou roulement).
70	Traction générale sur un point fixe.	1. Traction générale. 2. Extrémités droites en avant. 3. En position. 4. Tirez. 5. Cessez (ou roulement).

Numéros de l'instr.	EXERCICES.	COMMANDEMENTS.
71	Lutte générale de traction.	1. Lutte générale de traction. 2. Extrémités gauches (ou extrémités droites) en avant. 3. EN POSITION. 4. LUTTEZ. 5. CESSEZ (ou roulement).

ART. 6. — *Exercices de chant.*

72   Cette partie de la gymnastique n'a pas encore été réglementée ; le chant a été adopté en principe. Il sera ultérieurement pourvu aux détails pratiques de cet enseignement.

EXERCICES D'APPLICATION.

TROISIÈME LEÇON.

ART. 1er. — *Sauts.*

74	A pieds joints. En avant.	Saut en largeur.	1. Attention. 2. Saut en largeur en avant. 3. UN. 4. DEUX. 5. TROIS.
75		Saut en hauteur.	1. Attention. 2. Saut en hauteur. 3. UN. 4. DEUX. 5. TROIS.
76		Saut en profondeur simple.	1. Attention. 2. Saut en profondeur simple en avant. 3. UN. 4. DEUX. 5. TROIS.

Numéros de l'inst.	EXERCICES.	COMMANDEMENTS.
77	Saut en largeur et profondeur.	1. Attention. 2. Saut en largeur et profondeur. 3. Un. 4. Deux. 5. Trois.
78	Saut en largeur et hauteur.	1. Attention. 2. Saut en largeur et hauteur. 3. Un. 4. Deux. 5. Trois.
79	Saut en hauteur et profondeur.	1. Attention. 2. Saut en hauteur et profondeur. 3. Un. 4. Deux. 5. Trois.
80	Saut en largeur, hauteur et profondeur.	1. Attention. 2. Saut en largeur, hauteur et profondeur. 3. Un. 4. Deux. 5. Trois.
81	Saut en largeur vers la droite ou vers la gauche.	1. Attention. 2. Saut en largeur vers la droite. 3. Un. 4. Deux. 5. Trois.
82	Saut en largeur et profondeur vers la droite ou vers la gauche.	1. Attention. 2. Saut en largeur et profondeur vers la droite. 3. Un. 4. Deux. 5. Trois.

En avant. — A pieds joints. — De côté

Numéros de l'instr.	EXERCICES.		COMMANDEMENTS.
83		Saut en largeur.	1. Attention. 2. Saut en largeur en arrière. 3. Un. 4. Deux. 5. Trois.
84	A pieds joints. — En arrière.	Saut en profondeur simple.	1. Attention. 2. Saut en profondeur simple en arrière. 3. Un. 4. Deux. 5. Trois.
85		Saut en largeur et profondeur.	1. Attention. 2. Saut en largeur et profondeur en arrière. 3. Un. 4. Deux. 5. Trois.
86		Saut en profondeur, en prenant un point d'appui avec les mains.	1. Attention. 2. Saut en profondeur en arrière, en prenant un point d'appui avec les mains. 3. Un. 4. Deux. 5. Trois.
87	Précédés d'une course.	Saut en largeur en avant.	S'exécute sans commandement.
88		Saut en largeur et profondeur.	Idem.
89		Saut en largeur et hauteur.	Idem.
90		Saut en largeur, hauteur et profondeur.	Idem.
93	A la perche.	Exercices préparatoires	1. Attention. 2. Pour sauter à la perche. 3. En position.

Numéros de l'instr.	EXERCICES.	COMMANDEMENTS.
94		Saut en largeur.	S'exécute sans commande-ment.
95	A la perche.	Saut en hauteur et profondeur.	Idem.
96		Saut en largeur hauteur et pro-fondeur.	Idem.
97		Saut en largeur et profondeur d'un point élevé (avec une ou deux perches).	Idem.

NOTA. Les articles 2, 3, 4, 5, 6, 7, 8, 10, 11, 12, 13, 14 et 15, dont se compose la 1re leçon dans l'instruction de 1846, n'ont pas été compris dans cet extrait comme appartenant à diverses séries de ma-chines ou d'exercices compliqués..

ART. 9. — Courses.

245	Course cadencée sans armes.	1. Peloton en avant. 2. Pas de course cadencée. 3. MARCHE.
246	Changement de direc-tion.	S'exécute par les comman-dements de l'ordonnance sur les manœuvres.
251	Course de vélocité.	1. Course de vélocité. 2. EN POSITION. 3. Attention. 4. MARCHE.

ART. 16. — Chant

Numéros de l'instr.	EXERCICES.	COMMANDEMENTS.

QUATRIÈME LEÇON.

ART. 1er. — *Sauts.*

90	Sauts avec armes et bagages.	Les hommes sont exercés progressivement à tous les sauts avec armes et bagages.

NOTA. Les articles 2, 3, 4, 5, 6, 7, 8, 9, 10, 12, 13, 14, 15, 16 et 17, dont se compose la 4e leçon, dans l'instruction de 1846, n'ont pas été compris dans cet extrait, pour les motifs énoncés ci—dessus.

ART. 11. — *Courses.*

247	Course avec armes et bagages.	Les hommes après avoir été exercés à la course sans armes, le sont avec armes, et ensuite avec armes et bagages ; les commandements sont les mêmes qu'au numéro 245.

ART. 18. — *Chant.*

CINQUIÈME LEÇON

NOTA. Les articles 1, 2, 3, 5, 6, 7, 8, 9, 10, 11, 12, 13 et 14 n'ont pas été extraits pour les motifs signalés plus haut.

ART. 4. — *Courses.*

248	Course en portant des fardeaux.	Les hommes exécutent la course cadencée en portant des objets utiles à la guerre, des fascines, des gabions, des sacs remplis de sable, des pierres, etc.

Numéros de l'instr.	EXERCICES.	COMMANDEMENTS.
249	Course en montant et en descendant.	Les commandements sont les mêmes qu'au n° 245.
250	Course en arrière.	1. Course en arrière. 2. Attention. 3. MARCHE.
252	Course entre des pierres.	Sans commandement particulier.

ART. 15. — *Chant.*

NATATION.

En raison de ce qu'on doit profiter de toutes les occasions pour faire apprendre à nager aux sous-officiers et soldats des diverses classes d'instruction, l'exercice de la natation n'a été placé dans aucune leçon.

446	Nager sur le ventre.	1. Mouvements de natation. 2. EN POSITION. 3. UN, DEUX, TROIS.
446	Nager sur le dos.	Sans commandement particulier.
447	Plonger.	*Idem.*

OBSERVATIONS.

À défaut de chevalet de natation ou de table, on place les hommes debout en équilibre sur l'un ou l'autre pied et on leur fait exécuter les mouvements élémentaires de la natation en les *décomposant* : dans ce cas, au commandement *en position*, l'homme place les mains comme il est dit, rapproche un pied des fesses et exécute l'exercice ainsi qu'il est expliqué à l'art. 1er, n° 146 de l'Instruction.

Pour plus de facilité, on peut n'exécuter d'abord que le mouvement des bras, ensuite celui de chaque jambe, et enfin ceux des bras et d'une jambe.

L'expérience m'a prouvé, en 1846 et 1847, à Amiens, que cette manière de procéder peut donner d'excellents résultats : j'ai fait, en deux saisons, plus de 600 bons nageurs.

C. D'ARGY.

EXTRAIT
DE L'INSTRUCTION
POUR L'ENSEIGNEMENT
DE LA GYMASTIQUE.

TITRE Ier (*).

RÈGLES GÉNÉRALES ET DIVISION DE L'INSTRUCTION.

ARTICLE Ier.—INSTRUCTION DES RÉGIMENTS.

1. Le colonel est responsable de l'instruction gymnastique. Il tient la main à ce que, sous aucun prétexte, il ne soit rien changé ni ajouté aux exercices prescrits.

Le lieutenant-colonel dirige l'ensemble de cette instruction.

INSTRUCTION DES OFFICIERS.

2. Les officiers doivent être en état d'expliquer tout ce que renferme le règlement, mais sans être astreints à l'apprendre littéralement.

(*) Des règlements particuliers régissant le personnel destiné à l'enseignement dans les gymnases divisionnaires, les prescriptions des articles 1, 2 et 3 du titre 1er ne sont point applicables à ces établissements.

1

Jusqu'à l'âge de 30 ans, les lieutenants et sous-lieutenants sont tenus de savoir exécuter eux-mêmes les exercices gymnastiques.

En raison de l'importance de la course cadencée et de l'emploi fréquent qu'on peut en faire, tous les capitaines, lieutenants et sous-lieutenants doivent en connaître les principes et y avoir été exercés eux-mêmes.

Des théories sur le règlement de gymnastique sont quelquefois faites aux officiers par les chefs de bataillon.

INSTRUCTION DES SOUS-OFFICIERS.

3. L'instruction des sous-officiers doit être telle qu'ils soient en état d'instruire les soldats.

Des théories leur sont faites par les adjudants-majors.

ARTICLE II.— DU NOMBRE ET DU CHOIX DES INSTRUCTEURS.

4. Un capitaine est spécialement chargé de l'instruction gymnastique. Ses attributions consistent :

1° A diriger l'instruction pratique des officiers ;

2° A former des instructeurs choisis parmi les sous-officiers, caporaux et soldats qui montrent le plus de dispositions ;

3° A instruire les hommes non encore formés à la gymnastique.

Le capitaine a sous ses ordres un lieutenant ou sous-lieutenant désigné par le colonel dans chaque bataillon.

Il soumet, chaque année, à l'approbation du lieutenant-colonel, l'état des sous-officiers caporaux et soldats nécessaires à l'enseignement ; ces militaires sont choisis parmi ceux qui ont le plus d'aptitude, et autant que possible, en nombre égal dans chaque compagnie.

Aucune dispense de service ne leur est accordée, non plus qu'aux officiers instructeurs. Cependant, quand le colonel le juge absolument nécessaire, le capitaine instructeur peut être momentanément dispensé du service de place et de semaine.

ARTICLE III.— DIVISION ET PROGRESSION DU TRAVAIL.

5. Les exercices gymnastiques sont divisés en cinq leçons.

1re et 2e leçons de gymnastique élémentaire ;

3e, 4e et 5e leçons de gymnastique appliquée.

Les exercices dont se compose chaque leçon sont classés dans une progression générale.

Sous le rapport de l'instruction gymnastique, les hommes sont partagés en trois classes.

La 3e classe comprend tous les hommes de recrue : ils sont exclusivement exercés à la 1re leçon de gymnastique élémentaire pendant les quinze premiers jours de leur arrivée, et avant de commencer l'École du soldat.

La 2e classe est composée des hommes admis au bataillon qui n'ont pas encore été admis à la 1re classe.

La 1re classe est composée des hommes qui exécutent avec précision les quatre premières leçons de la progression générale.

Lorsque les hommes de la 2e classe sont en état de passer à la 1re, ils y sont admis sur l'ordre du capitaine instructeur, qui en fait prévenir les chefs de leurs compagnies.

L'exercice de la 1re classe a lieu par compagnies, sous la responsabilité des capitaines et du chef de bataillon.

L'officier de semaine assiste toujours à l'exercice de sa compagnie ; le chef de bataillon de semaine surveille.

Deux fois par mois et aux jours indiqués par le colonel, tous les officiers sont présents.

L'exercice de la 2e et de la 3e classe a lieu sous la direction du capitaine-instructeur et des officiers, sous – officiers, caporaux et soldats qui lui sont adjoints.

La 1re classe est exercée deux fois par semaine.

La 2e classe, trois fois par semaine.

La 3e classe est exercée deux fois par jour, jusqu'à ce que les hommes qui la composent aient commencé l'Ecole du soldat. Alors, elle n'est plus exercée qu'une fois par semaine.

La durée de chaque exercice est d'une heure et demie.

Lorsque l'intensité du froid ou de la chaleur l'exige, le lieutenant-colonel prend les ordres du colonel pour faire interrompre les exercices.

La dispense permanente de la pratique des

exercices gymnastiques est accordée aux officiers par le colonel après qu'il a pris, s'il y a
lieu, l'avis des officiers de santé.

Elle peut être accordée aux sous-officiers,
caporaux et soldats par le colonel, sur la pro-
position du chirurgien-major.

ARTICLE IV.—Devoirs des instructeurs.

6. Les officiers adjoints au capitaine-instructeur, secondés par l'adjudant de semaine,
réunissent, aux heures prescrites, les hommes
de la 2ᵉ et de la 3ᵉ classe.

Le capitaine forme les pelotons, attache à
chacun d'eux un instructeur et un moniteur
choisis parmi les caporaux et soldats les
mieux exercés.

Les instructeurs prennent le commandement des pelotons, en deviennent responsa-
bles et font exécuter la leçon indiquée par le
capitaine.

Ils tiennent un contrôle de leur peloton ; ils
y inscrivent des notes sur le zèle et les progrès
des soldats.

Un des officiers attachés à l'instruction
tient le contrôle des hommes des 2ᵉ et 3ᵉ classes (modèle A).

Il y inscrit les mutations, les absences des
recrues, le nom des instructeurs; il est chargé
en outre d'établir un rapport (modèle B) que
le capitaine-instructeur remet le premier de
chaque mois au lieutenant-colonel.

Sur les feuilles non imprimées du livre de

détail, il est établi un contrôle servant à faire connaître le degré d'instruction gymnastique des hommes de la compagnie (modèle C).

L'instructeur ne fait exécuter que les exercices décrits dans le règlement ; il ne tolère, dans aucun cas, que les hommes se laissent entraîner à des actes exagérés de force ou d'adresse qui pourraient occasionner des accidents et compromettre sa responsabilité personnelle.

Il doit s'attacher à développer la force, l'agilité et l'adresse du soldat par un travail sagement mesuré, à faire naître en lui la confiance et l'énergie que peuvent réclamer les circonstances.

« Il doit s'attacher à donner de la hardiesse
« et de l'émulation aux hommes, en leur ren-
« dant cet exercice aussi facile et agréable que
« possible, et en prenant toutes les précautions
« nécessaires pour éviter qu'ils ne *se blessent ou*
« *ne se découragent.* On ne devra jamais perdre
« de vue que la sécurité, l'attrait, la bonne vo-
« lonté et le plaisir même sont les premiers et
« les plus sûrs éléments de succès dans cet
« exercice. On évitera avec soin de brusquer
« les hommes et de tourner leurs efforts en ri-
« dicule quand ils ne réussiront pas, et de les
« punir pour des maladresses involontaires. Il
« ne faut pas non plus exiger d'eux, dans ce
« travail, une attitude strictement militaire,
« qui les fatigue sans utilité pour l'objet
« qu'on se propose, et ne pas réprimer, avec

« trop de sévérité, les éclats de gaieté et
« les élans de plaisir auxquels il est heu-
« reux qu'ils se livrent pendant cet exer-
« cice qui les y porte naturellement quand il
« est bien dirigé. Enfin, il ne faut demander
« dans tout ce travail qui n'a été militarisé, en
« quelque sorte, que dans le but de faciliter son
« étude et son application au grand nombre,
« qu'une régularité, une exactitude, une per-
« fection relatives (1). » (*Instruction pour la
voltige militaire.*)

ARTICLE V. — FORMATION DES PELOTONS ET INSTRUC-
TION PRÉLIMINAIRE.

7. Les pelotons sont de 10 à 15 hommes,
mis sous les ordres d'un instructeur auquel on
adjoint un homme bien dressé pour le secon-
der.

Les soldats sont placés par rang de taille,
coude à coude, sur le même alignement et
numérotés de la droite à la gauche.

Ils sont munis d'une ceinture; on leur indi-
que la manière de la placer.

L'instructeur fait exécuter d'abord les exercices suivants, d'après les principes du règlement sur les manœuvres de l'infanterie.

_____

(1) Les prescriptions ci-dessus de l'instruction ministé-
rielle du 26 juin 1842, sur la voltige militaire, présentent
avec autant de clarté que de précision, l'esprit dans lequel
doivent être dirigés les exercices gymnastiques.

Position du soldat sans armes,
A droite et à gauche,
Prendre les intervalles et les resserrer.

Après avoir répété plusieurs fois ces mouvements, et sans attendre que les hommes y apportent la précision exigée par le règlement, l'instructeur fait exécuter la **1re** leçon de gymnastique.

TITRE II.
EXERCICES ÉLÉMENTAIRES.

CHAPITRE PREMIER.
EXERCICES PLUS PARTICULIÈREMENT PROPRES A L'ASSOUPLISSEMENT.

SECTION Ire. — MOUVEMENTS DE LA TÊTE ET DU CORPS.

ARTICLE Ier. — TOURNER LA TÊTE A DROITE ET A GAUCHE fig. 1re.

8. Les hommes sont placés coude à coude;
L'instructeur commande :

1. *Tournez la tête à droite et à gauche.*
2. UN, DEUX.
3. FIXE.

Au commandement de *un*, tourner très lentement la tête vers l'épaule droite, en donnant à ce mouvement le plus d'extension possible.

Au commandement de *deux*, la tourner de la même manière vers l'épaule gauche et continuer ainsi.

Au commandement de *fixe*, cesser ce mouvement et replacer la tête dans la position directe.

L'instructeur veille à ce que le mouvement de la tête n'entraîne pas les épaules.

ARTICLE II.— FLÉCHIR LA TÊTE EN AVANT ET EN ARRIÈRE fig. 2. a,b.

9. L'instructeur commande :

    1. *Flexion de la tête en avant et en arrière.*
    2. UN, DEUX.
    3. FIXE.

Au commandement de *un*, incliner la tête vers la poitine (a).

Au commandement de *deux*, la relever et l'incliner modérément en arrière (b) et continuer ainsi.

Au commandement de *fixe*, replacer la tête droite.

ARTICLE III.— FLÉCHIR LA TÊTE VERS LA DROITE ET VERS LA GAUCHE fig. 3.

10. L'instructeur commande :

    1. *Flexion de la tête vers la droite et vers la gauche.*
    2. UN, DEUX.
    3. FIXE.

Au commandement de *un*, incliner lentement la tête vers la droite, comme si on voulait la coucher sur l'épaule.

Au commandement de *deux*, la redresser et l'incliner de même vers la gauche. Continuer ainsi.

Au commandement de *fixe*, replacer la tête droite.

Ces mouvements ne doivent jamais être prolongés.

ARTICLE IV.—FLÉCHIR LE CORPS EN AVANT ET EN ARRIÈRE fig. 4. a,b.

11. L'instructeur commande :

1. *Flexion du corps en avant et en arrière.*
2. COMMENCEZ.
3. CESSEZ.

Au commandement de *commencez*, fléchir le corps en avant sans ployer les genoux ;

Toucher le sol avec l'extrémité des doigts étendus, la paume de la main tournée vers le corps (a).

Après avoir touché la terre un peu en avant de la pointe des pieds, redresser le corps en envoyant les bras en arrière et les écartant un peu; courber légèrement le corps en arrière (b), en effaçant les épaules, fléchir de nouveau le corps en avant et continuer ainsi jusqu'au commandement de *cessez*.

SECTION II. — Mouvements des bras.

ARTICLE Ier. — Mouvement vertical des bras sans flexion fig. 5,

12. L'instructeur commande :

    1. *Attention.*
    2. *Elevez et abaissez les bras sans flexion.*
    3. COMMENCEZ.
    4. CESSEZ.

Au commandement de *commencez*, élever vivement les bras verticalement, sans les fléchir, les poings fermés, les ongles en dedans; les ramener de même vers les cuisses qu'ils ne doivent point dépasser.

Continuer jusqu'au commandement de *cessez*.

Cet exercice est cadencé par un rhythme.

ARTICLE II.— Mouvement vertical des bras avec flexion fig. 6,

13. L'instructeur commande :

    1. *Attention.*
    2. *Elevez et abaissez les bras avec flexion.*
    3. COMMENCEZ.
    4. CESSEZ.

Au commandement de *commencez*, tourner le dessus de la main en avant, élever les poings en les faisant glisser le long des cuisses et des hanches jusqu'aux aisselles, détachant les coudes du corps ; imprimer aux poings un mouvement de rotation en dehors, les élever ensuite avec vivacité le plus haut possible au-dessus de la tête, les bras dans la position verticale, les doigts se faisant face; descendre les poings à hauteur des épaules, les coudes ouverts; imprimer aux poings un mouvement de rotation en dedans et les ramener énergiquement à leur place en rasant le corps et les cuisses, le dessus de la main en avant. Continuer ainsi jusqu'au commandement de cessez.

A ce commandement reprendre la position.
Cet exercice est cadencé par un rhythme.

ARTICLE III.— CIRCUMDUCTION LATÉRALE DES BRAS
fig. 7.

14. Les hommes sont à trois pas d'intervalle.

L'instructeur commande :

1. *Attention.*
2. *Circumduction des bras.*
3. COMMENCEZ.
4. CESSEZ.

Au commandement de *commencez*, lancer avec force le bras droit tendu en avant, le poing fermé; lui faire parcourir un cercle de bas en haut ou de haut en bas, le poing rasant la cuisse ; continuer ainsi jusqu'au commandement de *cessez.*

Exécuter ensuite ce mouvement du bras

gauche, et enfin des deux bras simultanémeut.

Cet exercice s'exécute à divers degrés de vitesse.

ARTICLE IV.— Mouvement horizontal des avant-bras fig. 8. a, b.

15. L'instructeur commande :

1. *Attention.*
2. *Mouvement horizontal des avant-bras.*
3. COMMENCEZ.
4. CESSEZ.

Au 2e commandement, étendre les avant-bras parallèlement en avant, les poings fermés, les ongles en dedans.

Au commandement de *commencez*, retirer vivement les coudes en arrière, en rasant le corps (a), les avant-bras fléchis ; les reporter en avant (b) et continuer ainsi jusqu'au commandement de *cessez*.

Cet exercice est cadencé par un rhythme.

ARTICLE V.—Étendre les bras latéralement et verticalement fig. 9. a, b.

16. Les hommes sont à trois pas d'intervalle.

L'instructeur commande :

1. *Attention.*
2. *Etendez les bras latéralement et verticalement.*
3. COMMENCEZ.
4. CESSEZ.

Au 2ᵉ commandement, étendre simultanément les bras à droite et à gauche, la paume de la main ouverte et tournée vers le sol, les doigts joints et tendus (a); au 3ᵉ commandement les élever verticalement au-dessus de la tête, les mains se touchant par leur bord interne, les pouces croisés (b); dans cette position fléchir et allonger les bras par saccades à plusieurs reprises, sans que les mains se séparent; revenir à la première position en laissant tomber les mains à droite et à gauche et continuer l'exercice jusqu'au commandement de *cessez.*

SECTION III. — MOUVEMENTS DES JAMBES.

ARTICLE Iᵉʳ. — FLÉCHIR LA JAMBE fig. 10.

17. L'instructeur commande :

    1. *Attention.*

    2. *Flexion de la jambe* { *Cadence modérée* (1) *(ou accélérée) (ou de course)*

    3. MARCHE.

    4. HALTE.

Au commandement de *marche*, fléchir la jambe gauche en arrière le plus haut possible, en conservant la cuisse et le corps droits; ramener le pied à terre; exécuter le même

---

(1) La cadence modérée est de 76 mouvements par minute; la cadence accélérée de 120, et la cadence de course de 200.

mouvement de la jambe droite et continuer ainsi.

ARTICLE II.— FLÉCHIR LA CUISSE ET LA JAMBE fig. 44,

18. L'instructeur commande :

1. *Attention.*
2. *Flexion de la cuisse* $\begin{cases} \textit{Cadence modérée (1)} \\ \textit{(ou accélérée)} \\ \textit{(ou de course)} \end{cases}$
   et de la jambe
3. MARCHE.
4. HALTE.

Au commandement de *marche,* élever le genou gauche, la cuisse placée horizontalement, la jambe tombant naturellement, la pointe du pied baissée et légèrement tournée en dehors; ramener le pied à terre ; exécuter le même mouvement de la jambe droite et continuer ainsi.

Cet exercice et le précédent s'exécutent en maintenant la tête, le corps et les bras dans leur position; ils cessent au commandement de *halte.*

Dans le mouvement modéré et accéléré, le pied porte en totalité sur le sol, la pointe du pied arrivant la première.

Dans la cadence de course, le mouvement s'exécute par un sautillement alternatif sur la pointe des pieds.

19. Cet exercice et celui qui le précède

(1) *Voyez* la note page 44.

s'exécutent aussi en mettant les mains sur les hanches; l'instructeur commande dans ce cas:

1. *Mains sur les hanches.*
2. *Flexion de la jambe, etc., etc.*
3. MARCHE.

Au 1er commandement, placer les mains sur les hanches, les doigts réunis en avant, les pouces en arrière.

Ces exercices de flexion sont soumis à un rhythme.

ARTICLE III.—FLÉCHIR SUR LES EXTRÉMITÉS INFÉ-
RIEURES fig. 12.

20. L'instructeur commande :

1. *Attention.*
2. *Flexion sur les extrémités inférieures.*
3. COMMENCEZ.
4. CESSEZ.

Au 2e commandement, rapprocher les pieds l'un contre l'autre, en portant le poids du corps en avant.

Au commandement de *commencez*, abaisser lentement le corps en pliant les jarrets, de manière que les cuisses touchent, autant que possible, les mollets, les bras tombant le long du corps, le poids du corps portant sur la pointe des pieds ; se relever ensuite graduellement, le corps d'aplomb.

Pour faire cesser le mouvement, l'instructeur commande : *cessez,* au moment où l'homme se relève.

Ce mouvement peut être soumis à un rhythme.

ARTICLE IV.—COURSE DANS LES CHAÎNES GYMNASTIQUES.

21. Les hommes sont placés dans les chaînes gymnastiques (1), sur un rang, par le flanc, et à trois pas d'intervalle.

L'instructeur commande :

    1. *Peloton en avant.*
    2. *Course cadencée.*
    3. MARCHE.
    4. HALTE.

Au 1er commandement, porter tout le poids du corps sur la jambe droite.

Au commandement de *marche*, porter vivement le pied gauche en avant, la jambe légèrement ployée, poser la pointe du pied à terre, à un mètre du pied droit, passer la jambe droite de la même manière et continuer ainsi en portant le poids du corps sur la jambe qui pose à terre et en laissant aux bras leur mouvement naturel.

Le premier homme (un moniteur ou un homme bien dressé) parcourt successivement toutes les sinuosités des chaînes, sans s'arrêter ; les autres le suivent en conservant leur distance.

22. Lorsque les hommes se rencontrent aux intersections des cercles (ou pistes), ils

_____

(1) On simule au besoin les chaînes en traçant des cercles sur le sol.

raccourcissent ou allongent le pas afin de ne pas se heurter, et pour éviter que deux hommes ne passent dans le même intervalle.

L'instructeur se place de manière à surveiller cet exercice dans tous ses détails et arrête le peloton lorsqu'il le juge convenable.

La vitesse du pas de course cadencée est de 200 mouvements par minute.

SECTION IV. — EXERCICE PYRRHIQUE.

ARTICLE UNIQUE.— EXERCICE PYRRHIQUE (fig. 43. a, b.

23. L'instructeur commande :

1. *Exercice pyrrhique* (extrémités droites en avant).
2. EN POSITION.
3. MARCHE.
4. HALTE.

Au 2ᵉ commandement, faire un demi-à-gauche sur le talon gauche, porter le pied droit en avant, le talon à 41 centimètres du milieu du pied gauche, le jarret droit plié, la jambe gauche tendue, le bras droit allongé en avant, le poing fermé et à hauteur de l'épaule, les ongles légèrement en dessus, le bras gauche peu fléchi et incliné le long du corps, le poing fermé et à environ 16 centimètres de la cuisse, les ongles vers la cuisse, le haut du corps penché en avant, la tête droite, les yeux fixés devant soi, l'épaule gauche effacée (a).

Au commandement de marche, redresser le corps, rapporter le talon droit près du milieu du pied gauche sans toucher la terre, tourner en même temps l'avant-bras droit de manière que, décrivant un cercle de bas en haut, le poignet vienne raser la poitrine à la hauteur du teton droit ; porter brusquement le poing en avant, les ongles légèrement en dessus, se fendre de la jambe droite à environ 65 centimètres, le pied frappant le sol avec force, le haut du corps en avant ; la jambe gauche reste tendue, le pied à plat, le bras gauche tourné en dehors et allongé le long de la cuisse (b).

Continuer ainsi jusqu'au commandement de *peloton* HALTE. A ce commandement, se relever, faire un demi-à-droite sur le talon gauche et revenir à la position.

On exerce les extrémités gauches d'après les mêmes principes.

Cet exercice se cadence par un rhythme.

CHAPITRE II. — ÉQUILIBRES.

ARTICLE Ier. — SE TENIR SUR UNE JAMBE, L'AUTRE PLOYÉE EN AVANT fig. 44.

24. L'instructeur commande :

1. *Attention.*
2. *Equilibre sur le pied droit, la jambe gauche ployée en avant.*
3. EN POSITION.
4. *En place*—REPOS.

Au 2ᵉ commandement porter tout le poids du corps sur le pied droit.

Au 3ᵉ commandement, lever le genou gauche le plus haut possible, placer les doigts croisés sur le milieu de la jambe, serrer le plus possible la cuisse contre le ventre et la jambe contre la cuisse, le pied tombant naturellement, le corps droit. Se tenir dans cette position jusqu'au commandement de *en place* REPOS. À ce commandement, lâcher la jambe gauche et revenir à la position.

L'équilibre sur le pied gauche s'exécute d'après les mêmes principes.

ARTICLE II.— SE TENIR SUR UNE JAMBE, L'AUTRE PLOYÉE EN ARRIÈRE fig. 15.

25. L'instructeur commande :

1. *Attention.*
2. *Équilibre sur le pied droit, la jambe gauche ployée en arrière.*
3. EN POSITION.
4. *En place*—REPOS.

Au 2ᵉ commandement porter tout le poids du corps sur le pied droit.

Au 3ᵉ commandement fléchir la jambe gauche en arrière, la saisir en dehors au cou-de-pied avec la main gauche, l'appuyer fortement sur la cuisse qui reste verticale, le bras droit en l'air, le poing fermé, les ongles en dedans ; se tenir dans cette position jusqu'au commandement de *en place* REPOS; lâcher alors la jambe et revenir à la position.

L'équilibre sur le pied gauche s'exécute d'après les mêmes principes.

ARTICLE III.—Poser les genoux a terre et se relever fig. 16.

26. L'instructeur commande :

1. *Attention.*
2. GENOUX A TERRE.
3. DEBOUT.

Au 2ᵉ commandement, fléchir lentement les genoux jusqu'à terre, les cuisses réunies, les fesses appuyant sur les talons, la pointe des pieds pinçant le sol, les bras pendant naturellement, les poings fermés, le corps droit.

Au 3ᵉ commandement, se relever par une vive impulsion, en portant brusquement les bras au-dessus de la tête, les ongles en dedans et revenir à la première position.

ARTICLE IV.— Se pencher en avant sur un pied fig 17.

27. L'instructeur commande :

1. *Attention.*
2. *Équilibre sur le pied droit, le corps penché en avant.*
3. EN POSITION.
4. *En place—*REPOS.

Au 2ᵉ commandement, porter tout le poids du corps sur le pied droit.

Au 3ᵉ commandement, porter le corps en avant, le bras gauche tendu, le poing à hauteur de l'épaule, les ongles en dedans ; flé-

chir la jambe droite, l'épaule droite légèrement effacée, le bras droit et la jambe gauche
allongés en arrière le plus possible, le poing
fermé, les ongles en avant, la pointe du pied
dirigée vers la terre. Se tenir dans cette position jusqu'au commandement de *en place*
REPOS. A ce commandement, revenir à la position.

L'équilibre sur le pied gauche s'exécute
d'après les mêmes principes.

ARTICLE V.— SE PENCHER EN ARRIÈRE SUR UN PIED
fig. 48.

28. L'instructeur commande :

1. *Attention.*
2. *Equilibre sur le pied droit, le corps
   penché en arrière.*
3. EN POSITION.
4. *En place—*REPOS.

Au 2ᵉ commandement, porter tout le poids
du corps sur le pied droit.

Au 3ᵉ commandement, porter le haut du
corps en arrière le plus possible, en fléchissant la jambe droite, le bras et la jambe gauches tendus en avant, les poings fermés, les
ongles en dedans, le bras droit pendant naturellement.

Se tenir dans cette position jusqu'au commandement de *en place* REPOS.

L'équilibre sur le pied gauche s'exécute
d'après les mêmes principes.

ARTICLE VI.— SE PENCHER A DROITE OU A GAUCHE
SUR UN PIED fig. 19.

29. L'instructeur commande :

1. *Attention.*
2. *Equilibre sur le pied droit, le corps
penché à droite.*
3. EN POSITION.
4. *En place*—REPOS.

Au 2ᵉ commandement, porter tout le poids
du corps sur le pied droit.

Au 3ᵉ commandement, incliner le haut du
corps à droite, le plus possible, le bras droit
pendant naturellement, la jambe et le bras
gauches tendus et levés vers la gauche, le
poing fermé, les ongles en avant.

Se tenir dans cette position jusqu'au commandement de *en place* REPOS.

L'équilibre sur le pied gauche s'exécute
d'après les mêmes principes.

CHAPITRE III. — DÉVELOPPEMENT ÉLÉMEN-
TAIRE DE LA FORCE DES MUSCLES.

———

SECTION Iʳᵉ.— MOUVEMENT DES BRAS.

—

ARTICLE Iᵉʳ.— FRAPPER LA POITRINE AVEC LES POINGS
fig. 20.

30. L'instructeur commande :

1. *Attention.*
2. *Frappez la poitrine.*

    3. COMMENCEZ.
    4. CESSEZ.

Au commandement de *commencez*, frapper la poitrine au-dessus du teton gauche avec le poing droit, les ongles en dedans, les coudes près du corps, descendre le bras à sa position; frapper de la même manière la poitrine au-dessus du teton droit avec le poing gauche, continuer jusqu'au commandement de *cessez*. A ce commandement, reprendre la position.

Cet exercice peut se cadencer par un rhythme.

ARTICLE II.— LANCER ALTERNATIVEMENT LES POINGS EN AVANT fig. 24,

    31. L'instructeur commande :

      1. *Attention.*
      2. *Lancez alternativement les poings en avant.*
      3. COMMENCEZ.
      4. CESSEZ.

Au 2e commandement, porter les coudes en arrière, les poings sur la poitrine.

Au 3e commandement, lancer le poing droit en avant, en étendant vivement le bras de toute sa longueur, avançant l'épaule du même côté et effaçant l'autre épaule; replacer aussitôt le bras et le poing dans la position indiquée, exécuter le même mouvement avec le bras gauche et continuer ainsi jusqu'au commandement de *cessez*.

ARTICLE III.— Supporter les boulets avec les
                    mains fig. 22.

32. L'instructeur commande :

1. *Attention.*
2. *Port du boulet avec la main droite* (ou
     la main gauche, ou *les deux mains*).
3. en position.
4. repos.

Au 2ᵉ commandement, prendre le boulet à
terre et se relever.

Au 3ᵉ commandement, prendre la position
indiquée à l'exercice pyrrhique (nᵒ 23) (fig. B,
a), tourner la paume de la main en dessus en
maintenant le boulet avec les doigts, rester
dans cette position le plus longtemps possible.

Cet exercice s'exécute du bras gauche d'a-
près les mêmes principes.

Le port d'un boulet dans chaque main peut
s'exécuter les bras tendus en avant ou latéralement, les talons restant sur la même ligne.

Dans le second cas, on place les hommes
par le flanc.

Lorsque les boulets sont garnis d'une sangle, on introduit les doigts jusqu'à l'articula-
tion du pouce dans l'anse qu'elle forme ; le
poing se place alors comme il est indiqué à
l'exercice pyrrhique (nᵒ 23).

Ces exercices cessent au commandement de:
repos.

2

ARTICLE IV.—LANCER LES BOULETS AVEC LES MAINS
fig. 23, a, b.   (Exercices individuels.)

33. L'instructeur commande :

1. *Attention.*
2. *Lancez le boulet en avant.*
3. EN POSITION.
4. UN, DEUX, TROIS.

Au 2ᵉ commandement, prendre le boulet de la main droite.

Au 3ᵉ commandement, placer le pied droit en arrière à 41 centimètres environ du gauche, les genoux légèrement fléchis, le poids du corps portant sur les deux jambes, le bras droit tendu en arrière (a).

Au commandement de *un,* balancer le bras droit en avant et revenir à la position; au commandement de *deux,* répéter le mouvement; au commandement de *trois,* lancer avec force et le plus loin possible le boulet en avant (b).

On exercera aussi les hommes à lancer des projectiles volumineux, l'avant-bras placé verticalement, le coude au corps.

Le jet du boulet avec la main gauche s'exécute d'après les mêmes principes. On peut l'exécuter aussi en tenant un boulet dans chaque main; dans ce dernier cas, l'homme se place à volonté.

On répète les mêmes exercices en lançant les boulets le plus haut possible (1).

_____

(1) On peut remplacer les boulets par des cailloux roulés à peu près du même poids.

Enfin, les hommes sont exercés à lancer à tour de bras des pierres, des cailloux ou des projectiles de petite dimension, vers un but dont on augmente l'éloignement en raison de l'adresse et de la vigueur des élèves.

Tous ces exercices doivent être faits, homme par homme, et avec prudence.

ARTICLE V.— Lancer une barre de fer a bras ouverts fig. 24. a, b.

(Exercice individuel.)

Position préparatoire.

34. Saisir la barre de fer par le milieu avec la main droite, faire un demi-à-droite en portant le pied droit en arrière, le talon vis-à-vis et à 65 centimètres du talon gauche, les genoux légèrement fléchis, le poids du corps portant également sur les deux jambes ; tendre le bras droit en arrière à hauteur de l'épaule, la barre placée verticalement, le bras gauche tendu en avant (a).

Exécution.

35. Porter énergiquement le bras droit en avant, en décrivant un demi-cercle ; au besoin, rétablir la barre dans sa position verticale avec la main gauche ; revenir à la position ; répéter deux fois ce mouvement, et à la troisième fois, lancer la barre en avant le plus loin possible (b), de manière que, restant dans sa position verticale, la barre décrive une courbe dans son trajet et aille se ficher perpendiculairement en terre.

L'exercice avec la main gauche s'exécute d'après les mêmes principes.

ARTICLE VI.–EXERCICES DES MILS PERSANS (OU MASSUES).

36. Les hommes étant placés à trois pas d'intervalle, l'instructeur porte les numéros impairs à quatre pas en avant des numéros pairs.

Le mil est placé debout à terre, à cinq centimètres environ de la pointe des pieds (fig. 25. a.).

1er EXERCICE. — *Porter le mil à l'épaule* fig. 25. a, b.

37. L'instructeur commande :

1. *Portez le mil à l'épaule droite (ou gauche).*
2. UN.
3. DEUX.

Au commandement de *un*, l'homme saisit la poignée du mil avec la main droite, la paume tournée en avant, le pouce en dehors.

Au commandement de *deux*, il enlève le mil de terre en lui donnant une impulsion en avant et le porte à l'épaule droite, la main à la hanche, l'extrémité ou gros bout du mil appuyant sur la partie extérieure du bras, le coude au corps, le bras gauche pendant naturellement (b).

Cet exercice s'exécute de la main gauche d'après les mêmes principes.

Lorsque les élèves peuvent être exercés chacun avec deux mils, ils exécutent ces mouvements simultanément ou alternativement avec les deux mains, suivant l'indication.

2ᵉ EXERCICE.—*Portez le mil en arrière* fig. 26.

38. L'instructeur commande :

1. *Portez le mil en arrière.*
2. UN.
3. DEUX.

Au commandement de *un*, l'homme avance un peu l'épaule du côté qui doit agir, fait glisser le mil horizontalement sur l'épaule et le renverse perpendiculairement en arrière.

Au commandement de *deux*, il porte la main et le mil en dehors de l'épaule ; puis revient à la première position en ramenant le coude au corps, le mil glissant sur la face externe du bras.

L'homme répète plusieurs fois cet exercice avec la main droite avant de l'exécuter avec la main gauche.

Il s'exerce ensuite alternativement, avec les deux mains, lorsqu'il est armé de deux mils.

3ᵉ EXERCICE.—*Renverser le mil en arrière* fig. 27.

39. L'instructeur commande :

1. *Renversez le mil en arrière.*
2. UN.
3. DEUX.

Au commandement de *un*, l'homme se conforme à ce qui a été prescrit pour l'exercice

2.

précédent ; seulement, au lieu de passer le mil sur l'épaule, il le fait glisser vivement sur la face externe du bras et le laisse pendre sur le côté.

Au commandement de *deux*, il ramène le coude au corps et reprend sa position.

Cet exercice s'exécute alternativement de la main droite et de la main gauche et ensuite avec les deux mains, lorsque les hommes sont armés de deux massues.

4ᵉ EXERCICE.—*Porter le mil en avant* fig. 28.

40. L'instructeur commande :

1. *Portez le mil en avant*
2. UN.
3. DEUX.

Au commandement de *un*, l'homme porte vivement le mil horizontalement devant lui, en allongeant le bras, les ongles en dedans.

Au commandement de *deux*, il tourne le poignet, les ongles en dessus, ouvre légèrement les doigts, laisse aller le mil vers la terre, le ramène par un effort du poignet en dehors du bras, en lui faisant décrire un demi-cercle en arrière, et reprend sa première position.

Cet exercice s'exécute alternativement avec l'une et l'autre main, et ensuite alternativement avec les deux mains à la fois, puis simultanément lorsque les élèves sont armés de deux massues.

5ᵉ EXERCICE.—*Porter le mil en dehors à droite* fig. 29.

41. L'instructeur commande :
1. *Portez le mil en dehors à droite.*
2. UN.
3. DEUX.
4. TROIS.
5. QUATRE.

Au commandement de *un*, l'homme porte vivement le mil à droite dans la position horizontale en étendant le bras droit, les ongles en avant.

Au commandement de *deux*, il laisse descendre le mil vers la terre, lui fait décrire trois quarts de cercle, en ramenant le coude au corps, ployant le bras et portant le poignet à hauteur et près de l'épaule droite, le dessus de la main tourné en avant et le mil dans la position verticale.

Au commandement de *trois*, il renverse le mil vers la droite, le fait passer derrière l'épaule par une impulsion du poignet, et conserve le coude le plus près possible du corps.

Au commandement de *quatre*, il ramène le mil sur l'épaule et revient à sa première position.

Cet exercice s'exécute alternativement avec l'une et l'autre main en suivant les mêmes principes.

6ᵉ EXERCICE. — *Porter le mil en dedans à gauche* fig. 30.

42. L'instructeur commande :

1. *Portez le mil en dedans à gauche.*
2. UN.
3. DEUX.
4. TROIS.
5. QUATRE.

Au commandement de *un*, l'homme porte vivement, de la main droite, le mil à gauche, dans la position horizontale, en passant l'avant-bras près du corps.

Au commandement de *deux*, il abaisse le mil vers la terre, lui fait décrire trois quarts de cercle de gauche à droite, plie le bras, et passe le mil derrière la tête, le poignet à hauteur des oreilles.

Au commandement de *trois*, il laisse descendre légèrement le mil, le ramène vers la droite en rapprochant le poignet de l'épaule droite.

Au commandement de *quatre*, il fait glisser le mil sur l'extérieur du bras et reprend sa position.

Cet exercice s'exécute alternativement avec l'une et l'autre main, en suivant les mêmes principes.

7e EXERCICE. — *Porter le mil horizontalement en avant et le passer au-dessus de la tête* fig. 34.

43. L'instructeur commande :

1. *Passez le mil au-dessus de la tête.*
2. UN.
3. DEUX.
4. TROIS.

Au commandement de *un*, l'homme porte vivement le mil horizontalement devant lui en allongeant le bras, les ongles en dedans.

Au commandement de *deux*, il tourne le poignet, les ongles en dessous, élève la main, dirige le mil à gauche et le porte horizontalement au-dessus de la tête en fléchissant l'avant-bras.

Au commandement de *trois*, il ramène le mil à sa position, le poignet rasant l'épaule.

Cet exercice s'exécute alternativement avec l'une et l'autre main.

8ᵉ EXERCICE.— *Elever le mil verticalement et le passer derrière la tête* fig. 32.

44. L'instructeur commande :

1. *Passez le mil derrière la tête.*
2. UN.
3. DEUX.
4. TROIS.

Au commandement de *un*, l'homme porte le bras et le mil dans une position verticale.

Au commandement de *deux*, il dirige le mil vers la gauche en fléchissant l'avant-bras.

Au commandement de *trois*, il passe le mil derrière la tête et le ramène à sa position, le poignet rasant l'épaule.

Cet exercice s'exécute alternativement avec les deux mains.

9e EXERCICE.— *Abaisser le mil et le passer autour du corps* fig. 33. a, b.

45. L'instructeur commande :

1. *Passez le mil autour du corps.*
2. UN.
3. DEUX.
4. TROIS.

Au commandement de *un*, l'homme abaisse le mil et le laisse pendre naturellement.

Au commandement de *deux*, il porte le mil vers la gauche en élevant progressivement le poignet (a), passe l'avant-bras par-dessus la tête, le mil pendant naturellement derrière les épaules (b).

Au commandement de *trois*, il tourne le poignet, les ongles en dessus, ouvre légèrement les doigts, descend le mil à droite à la position du 1er mouvement, en tournant le poignet les ongles en dessous et répète plusieurs fois cet exercice.

Cet exercice s'exécute alternativement avec les deux mains.

10e EXERCICE.— *Passer le mil en cercle par la gauche (ou par la droite)* fig. 34.

46. L'instructeur commande :

1. *Passez le mil en cercle par la gauche.*
2. UN.
3. DEUX.

Au commandement de *un*, l'homme porte

vivement le mil à droite dans la position horizontale en étendant le bras droit, les ongles
en avant.

Au commandement de *deux*, il descend le
mil vers la terre, lui fait décrire un cercle
entier, l'avant-bras rasant le corps, pour revenir à la position du bras tendu.

Il répète plusieurs fois ce mouvement.

Il passe le mil en cercle par la droite en
faisant agir le bras gauche.

11ᵉ EXERCICE.— *Poser le mil à terre.*

47. Les élèves étant au port du mil, si l'instructeur veut faire poser le mil à terre, il
commande :

1. POSEZ LE MIL A TERRE.

L'homme porte le gros bout du mil en avant,
le descend à terre en inclinant légèrement le
haut du corps, le pose à 5 *centimètres de la
pointe des pieds*, et reprend la position.

12ᵉ EXERCICE. — *Porter le mil à bras tendu* fig. 35.

48. Le mil étant posé à terre.
L'instructeur commande :

1. *Portez le mil à bras tendu.*
2. UN.
3. DEUX.

Au commandement de *un*, l'homme saisit
le mil par la poignée avec la main droite, la
paume tournée en avant, le pouce en dehors.

Au commandement de *deux*, il porte vivement le mil à droite à bras tendu, dans la position horizontale et le tient ainsi le plus longtemps possible.

L'homme abaisse ensuite le mil vers la terre et le replace debout devant lui.

Cet exercice s'exécute alternativement avec l'une et l'autre main et puis simultanément avec les deux mains.

Observations.

49. L'instructeur fait d'abord exécuter lentement tous ces exercices, afin d'habituer les élèves à prendre de bonnes positions.

La décomposition de ces exercices par mouvements a pour objet d'en faire mieux connaître le mécanisme; mais lorsque les élèves seront bien exercés, ils devront exécuter, successivement chaque exercice sans interruption, jusqu'au commandement de : *cessez*.

SECTION II. — Mouvement des jambes.

ARTICLE Ier.—Flexion simultanée des jambes fig. 36.

50. Cet exercice et le suivant s'exécutent les mains placées sur les hanches, ou les bras pendants, ou bien en donnant une secousse égale aux deux bras que l'on porte en avant et en haut, les poings fermés, les ongles en dedans.

51. L'instructeur commande :

1. *Attention.*
2. *Flexion simultanée des jambes.*
3. MARCHE.
4. HALTE.

Au commandement de *marche*, enlever les deux jambes en arrière de manière à toucher la partie postérieure des cuisses avec les mollets et les talons, conservant les cuisses et le corps droits; tomber sur la pointe des pieds en reprenant la position.

Cet exercice se continue au commandement de *un*, répété chaque fois.

Lorsque le mouvement doit se faire les bras en l'air, l'extension des bras a lieu au commandement d'exécution.

Dans le cas où cet exercice se ferait à volonté, il cesserait au commandement de : *peloton*—HALTE.

ARTICLE II.—FLEXION SIMULTANÉE DES CUISSES ET DES JAMBES fig. 37.

52. L'instructeur commande :
1. *Attention.*
2. *Flexion simultanée des cuisses et des jambes.*
3. MARCHE.
4. HALTE.

Au commandement de *marche*, s'enlever par une forte impulsion, fléchir simultanément les cuisses et les jambes le plus possible, tomber sur la pointe des pieds en reprenant la position.

3

Cet exercice se continue et cesse comme le précédent.

ARTICLE III. — SAUTILLEMENT SUR LES JAMBES fig. 38.

53. L'instructeur commande :
1. *Attention.*
2. *Sautillement sur la jambe droite* (ou *sur la gauche,* ou *sur les deux jambes*).
3. MARCHE.
4. HALTE.

Au 2ᵉ commandement, porter tout le poids du corps sur la jambe désignée, ployer l'autre jambe, la cuisse horizontalement, la jambe tombant naturellement.

Au commandement de *marche*, se porter en avant sur un seul pied par un sautillement ; continuer ainsi jusqu'au commandement de *peloton*, HALTE.

Le sautillement sur les deux jambes s'exécute en portant tout le poids du corps sur la pointe des pieds.

A chaque mouvement, l'homme porte les bras en avant, les poings fermés, les ongles en dedans.

ARTICLE IV. — FLÉCHIR SUR LES EXTRÉMITÉS INFÉ-RIEURES ET MARCHER DANS CETTE POSITION fig. 39.

54. L'instructeur commande :
1. *Attention.*
2. *Flexion sur les extrémités inférieures.*
3. *En avant.*

4. Marche.
5. Halte.

Au 2ᵉ commandement, fléchir sur les extrémités inférieures comme il a été expliqué au nº 20 (*fig.* 12), porter le poids du corps sur la jambe droite.

Au commandement de *marche*, porter la jambe gauche en avant, poser le pied à terre, passer la jambe droite en avant et continuer ainsi jusqu'au commandement de *peloton*, HALTE.

A ce commandement, se relever et reprendre la position.

ARTICLE V.—Porter le boulet avec le pied fig. 40.

55. L'instructeur commande :
  1. *Attention.*
  2. *Portez le boulet avec le pied droit* (ou *le pied gauche*).
  3. en position.
  4. *En place*—repos.

Au 2ᵉ commandement, passer le pied droit dans la sangle du boulet.

Au 3ᵉ commandement, porter la jambe droite tendue en avant sans que le boulet touche à terre, les bras aidant au maintien de l'équilibre.

Le port du boulet avec le pied gauche s'exécute d'après les mêmes principes.

Cet exercice cesse au commandement de *en place*—repos.

ARTICLE VI.—Marcher sur la pointe des pieds
fig. 41.

56. L'instructeur commande :

1. *Attention.*
2. *En avant sur la pointe des pieds.*
3. MARCHE.
4. HALTE.

Au 2e commandement, s'enlever sur la pointe des pieds, le poids du corps portant sur le pied droit.

Au commandement de *marche*, porter le pied gauche en avant à 65 centimètres du droit, la jambe tendue, placer la pointe du pied à terre, porter le poids du corps en avant; passer la jambe droite de la même manière et continuer jusqu'au commandement de *peloton*, HALTE.

Ce pas sera exécuté à la cadence de 76 ou de 100 mouvements par minute.

Il peut s'exécuter aussi en arrière.

ARTICLE VII.—Marcher sur les talons fig.42,

57. L'instructeur commande :

1. *Attention.*
2. *En avant sur les talons.*
3. MARCHE.
4. HALTE.

Au 2e commandement, lever la pointe des pieds, le poids du corps portant sur le talon droit.

Au commandement de *marche*, porter le pied gauche en avant à 33 centimètres du droit, placer le talon à terre, le corps droit, porter le poids du corps sur le talon qui est en avant, passer la jambe droite de la même manière et continuer jusqu'au commandement de *peloton*, HALTE.

Cet exercice peut s'exécuter en arrière.

ARTICLE VIII.—MARCHER EN MONTANT fig. 43.

58. Dans la marche en montant, porter le poids du corps en avant sur la pointe des pieds.

ARTICLE IX.—MARCHER EN DESCENDANT fig. 44.

Dans la marche en descendant, porter le poids du corps en arrière, en cherchant son point d'appui sur les talons.

SECTION III. — DES LUTTES.

Positions préliminaires.

59. Les hommes étant numérotés, placés à deux pas d'intervalle et alignés, l'instructeur commande :

1. *Attention.*
2. *Numéros impairs;* ÉLEVEZ LE BRAS GAU-
   CHE.
3. *Vers la gauche cherchez vos antagonistes.*
4. MARCHE.
5. FIXE.

Au 2ᵉ commandement, chaque numéro impair élève vivement le bras gauche, le poing passant le long du corps.

Au commandement de *marche*, chaque numéro impair part du pied gauche et va, en conversant à gauche, se placer en face et à un mètre du numéro pair qui est à sa gauche.

Au commandement de *fixe,* les numéros impairs laissent retomber le bras gauche à sa position.

Lorsque l'instructeur veut faire rentrer en ligne, il commande :

    1. *Numéros impairs, par la gauche rentrez en ligne.*

    2. MARCHE.

Dans les luttes, les hommes ne lâchent prise qu'après la lutte terminée, et dans aucun cas la lutte n'a pour objet de renverser son antagoniste.

ARTICLE Iᵉʳ.—LUTTE DES POIGNETS, LES DOIGTS CROISÉS
fig. 45.

    60. L'instructeur commande :

    1. *Lutte des poignets, les doigts croisés.*
    2. *En position*
    3. LUTTEZ.
    4. CESSEZ (ou *roulement*).

Au commandement *en position*, les hommes portent le pied gauche à 41 centimètres en avant, fléchissent sur la jambe gauche, tendent la jambe droite pour supporter tout l'effort, inclinent le haut du corps en avant, la tête droite, lèvent les bras et les poignets à la hauteur des épaules, les paumes des mains tournées en avant et croisent les doigts ; chaque homme fixe les yeux de son antagoniste.

Au commandement de *luttez*, chaque homme pousse énergiquement droit devant lui, les bras tendus parallèlement, serre fortement les doigts et cherche à faire reculer son antagoniste.

Au commandement de *cessez*, la lutte cesse, et chaque homme reprend sa position en face de son antagoniste.

Ce principe est applicable à toutes les luttes.

ARTICLE II.—LUTTE DES PHALANGES DES DOIGTS fig. 46,

61. L'instructeur commande :
   1. *Lutte des phalanges des doigts, numéros pairs (ou impairs) les ongles en dessus.*
   2. *En position.*
   3. LUTTEZ.
   4. CESSEZ (ou *roulement*).

Au commandement *en position,* les hommes se placent comme il a été indiqué n° 60 ; les numéros impairs tendent les bras en avant, les paumes des mains tournées en dessus, les doigts un peu ployés, les numéros pairs placent leurs mains en sens contraire : dans cette position chaque homme accroche ses dernières phalanges à celles de son antagoniste.

Au commandement de *luttez,* chacun tire fortement à soi pour tâcher d'entraîner son antagoniste.

ARTICLE III.— LUTTE DES POIGNETS CROISÉS fig. 47: a,

62. L'instructeur commande :
1. *Lutte des poignets croisés.*
2. *En position.*
3. LUTTEZ.
4. CESSEZ (ou *roulement).*

Au commandement de *en position,* chaque homme saisit son poignet gauche avec la main droite, le pouce en dessous, se place de la manière indiquée aux luttes précédentes (n° 60, *fig.* 45), saisit avec la main gauche le poignet droit de son antagoniste, les mains à hauteur des épaules (a).

Au commandement de *luttez,* il tire ou pousse uniformément ou par secousse, à droite, à gauche, en avant, en arrière, en haut, en bas, s'efforçant de déplacer son antagoniste.

ARTICLE IV.—LUTTE DES AVANT-BRAS fig. 48,

63. L'instructeur commande :
1. *Lutte des avant-bras.*
2. *En position.*
3. LUTTEZ.
4. CESSEZ (ou *roulement).*

Au commandement de *en position,* les hommes placent leurs jambes de la manière indi-

quée aux exercices précédents et se saisissent
mutuellement les avant-bras près des coudes,
la main droite placée extérieurement et la
main gauche intérieurement, les pouces en
dedans, les doigts réunis et serrant les avant-
bras ; les bras tendus à hauteur des épaules.

Au commandement de *luttez,* chaque homme tire fortement à soi pour tâcher d'entraîner
son antagoniste.

ARTICLE V.—Lutte des épaules fig. 49.

64. L'instructeur commande :

    1. *Lutte des épaules.*
    2. *En position.*
    3. LUTTEZ.
    4. CESSEZ (ou *roulement*).

Au commandement de *en position,* chaque
homme place ses jambes de la manière indiquée (n° **60,** *fig.* **45**), tend les bras en avant,
porte les mains au défaut de l'épaule de son
antagoniste, le pouce en dessous et les quatre
autres doigts en dessus, plaçant le bras droit
extérieurement et l'autre intérieurement.

Au commandement de *luttez,* chaque homme pousse fortement son antagoniste en cherchant à le faire reculer.

ARTICLE VI.—Lutte debout avec des poignées
   fig. 50.   (Machines. Pl. I. N° G.)

65. Les hommes étant placés vis-à-vis les
uns des autres, comme dans les luttes précé

dentes, chaque numéro impair tient une poignée à lutter dans la main gauche, la corde placée entre le premier et le second doigt.

L'instructeur commande :

    1. *Lutte debout avec des poignées.*
    2. *Extrémités gauches* (ou *droites*) *en avant.*
    3. EN POSITION.
    4. LUTTEZ.
    5. CESSEZ (ou *roulement*).

Au commandement de *en position*, les hommes placent les jambes de la manière indiquée aux luttes précédentes et tendent horizontalement le bras gauche en avant, les ongles en dessous, le bras droit vers la terre, le poing fermé à environ huit centimètres de la hanche; le numéro pair saisit la poignée avec la main gauche, la corde entre le premier et le second doigt.

Au commandement de *luttez*, chaque homme tire fortement à soi, uniformément ou par secousse, en s'efforçant d'entraîner directement son antagoniste, sans jamais se jeter à droite ou à gauche.

La lutte avec les extrémités droites en avant a lieu d'après les mêmes principes.

La lutte avec les deux mains s'exécute en saisissant les poignées de manière à placer la corde entre les deux mains; les hommes mettent dans ce cas le pied gauche en avant.

L'instructeur commande :

1. *Lutte à deux mains avec des poignées.*
2. *En position.*
3. LUTTEZ.
4. CESSEZ (ou *roulement*).

ARTICLE VII. — LUTTE A TROIS AVEC DES POIGNÉES
fig. 51.

66. Les hommes sont placés sur un rang et numérotés par la droite de trois en trois ; le numéro deux tient une poignée à lutter dans chaque main.

1. *Lutte à trois avec des poignées.*
2. EN POSITION.
3. LUTTEZ.
4. CESSEZ (ou *roulement*).

Au 1er commandement, les numéros impairs se portent deux pas en avant, le n° 1 exécute un à-gauche et demi, le n° 3, un à-droite et demi.

Au commandement *en position*, le numéro pair place l'un ou l'autre pied en avant et présente les poignées aux numéros impairs. Le n° 1 saisit la poignée avec la main gauche en avançant le pied gauche ; le n° 3 la saisit avec la main droite en avançant le pied droit.

Au commandement de *luttez*, les numéros impairs tirent à eux le numéro pair qui résiste à leurs efforts.

Au commandement de *cessez*, la lutte cesse et les hommes reprennent la position en ligne.

L'instructeur fait recommencer cette lutte :

chaque numéro prend successivement la place
du numéro pair.

ARTICLE VIII. — Lutte assis avec des poignées
fig. 52. a, b.

67. Les hommes étant placés en face de
leurs antagonistes (n° 59), l'instructeur commande :

1. *Lutte avec les poignées étant assis.*
2. EN POSITION.
3. UN, DEUX, TROIS.

Au commandement *en position,* les hommes
s'assoient par terre, tendent les jambes en
avant, les pieds joints, de manière à se trou-
ver semelle contre semelle, placent la corde
des poignées entre les deux pieds, redressent
le corps et posent les mains sur les genoux (a).

Au commandement de *un,* les hommes saisissent les poignées le plus près possible de la
corde sans fléchir les jambes.

Au commandement de *deux,* ils commen-
cent à tirer également des deux bras sans faire
de grands efforts.

Au commandement de *trois,* prononcé avec
énergie, ils tirent fortement à eux, chacun
s'efforçant de soulever de terre son antagoniste (b).

L'instructeur recommande de ne pas déranger la position des pieds, de ne pas pencher le corps vers la droite ou vers la gauche,
et surtout de ne pas lâcher le bâton lorsqu'on
se sent soulever.

Dès que l'un des deux hommes a cédé, la lutte cesse, chaque homme reprend sa position debout; celui qui l'a emporté conserve la poignée dans la main gauche.

L'instructeur peut faire lutter ensemble tous ceux qui ont obtenu l'avantage, jusqu'à ce qu'il n'en reste plus que deux.

S'il le juge convenable, il constate la force de ces deux hommes avec un dynamomètre et en prend note.

ARTICLE IX. — LUTTE DES ARCS-BOUTANTS fig. 53.

68. Les hommes sont placés comme pour les luttes à deux; les numéros impairs tiennent un arc-boutant dans la main droite.

L'instructeur commande :
1. *Lutte des arcs-boutants.*
2. *Extrémités droites en avant.*
3. EN POSITION.
4. LUTTEZ.
5. CESSEZ (ou *roulement*).

Au commandement *en position*, les numéros pairs et impairs se fendent du pied droit et appuient contre leur épaule droite la partie concave de l'arc-boutant, en tenant le bâton de la main droite, le bras un peu ployé, le haut du corps porté en avant, le bras gauche pendant naturellement.

Au commandement de *luttez*, chaque homme pousse fortement son antagoniste de manière à le faire reculer.

La lutte des arcs-boutants avec les épaules gauches a lieu d'après les mêmes principes.

ARTICLE X.—Lutte de traction a deux fig.54.

69. L'instructeur commande :
1. *Lutte de traction à deux.*
2. *Extrémités droites en avant.*
3. EN POSITION.
4. LUTTEZ.
5. CESSEZ (ou *roulement*).

Au commandement *en position*, chaque homme saisit la corde de la main gauche, en entoure le poignet ; la passe par-dessus la tête ; l'amène sur l'épaule gauche et la saisit en dehors avec la main droite.

Au commandement de *luttez*, chaque homme s'efforce d'entraîner son antagoniste.

ARTICLE XI.— Traction générale sur un point fixe fig. 55.

70. Les hommes sont placés sur une seule ligne à deux pas d'intervalle, la droite vers le mur où la corde est fixée ; la corde est étendue par terre à 16 centimètres environ en avant de la ligne des hommes.

L'instructeur commande :
1. *Traction générale.*
2. *Extrémités droites en avant.*
3. EN POSITION.
4. TIREZ.
5. CESSEZ (ou *roulement*).

Au 2ᵉ commandement, les hommes saisissent la corde à deux mains.

Au commandement *en position*, ils font face à droite.

Au commandement de *tirez*, ils tirent avec énergie, simultanément et sans secousse.

Cet exercice se rhythme par les élèves ou par un moniteur ; il cesse à l'avertissement de l'instructeur.

La traction par les extrémités gauches a lieu d'après les mêmes principes.

La puissance de traction se constate, au besoin, au moyen d'un dynamomètre.

ARTICLE XII. — LUTTE GÉNÉRALE DE TRACTION fig. 56.

71. L'instructeur partage les hommes en deux divisions d'égale force, les place sur la même ligne, la corde étendue devant eux, et, suivant que la lutte doit se pratiquer par les extrémités gauches ou les extrémités droites, il porte au delà de la corde l'une ou l'autre des deux divisions et lui fait faire demi-tour.

L'instructeur commande :

1. *Lutte générale de traction.*
2. *Extrémités gauches* (ou *extrémités droites*) *en avant.*
3. EN POSITION.
4. LUTTEZ.
5. CESSEZ (ou *roulement*).

Au commandement de *luttez*, les hommes tirent énergiquement, chaque division s'efforçant d'entraîner l'autre

CHAPITRE IV. — Exercices de chant.

72. En principe, il est avantageux de soumettre au rhythme la plupart des exercices et notamment :

1° Ceux qui doivent être exécutés avec ensemble ;

2° Ceux qui consistent dans la répétition prolongée d'un même mouvement : tels sont les mouvements d'assouplissement, la course, etc. Le meilleur rhythme serait donné par des chants. Les exercices de la voix sont d'ailleurs une partie essentielle de la gymnastique; ils ont sur le développement de la poitrine une salutaire influence. Il est incontestable qu'ils offriront le moyen d'agir puissamment sur le moral du soldat, lorsque les chants seront empreints de sentiments élevés, en rapport avec l'éducation militaire.

Aucun mode d'enseignement n'est d'ailleurs prescrit: une méthode sûre et rapide qui pourrait mettre en un mois ou deux au plus, une masse d'hommes en état de lire une musique simple et facile, comme doit l'être celle qui sera adoptée, serait préférable à toute autre.

TITRE III.

EXERCICES D'APPLICATION.

—————

Première Partie.

FRANCHIR DES FOSSÉS, DES RAVINS, ETC.,
OU TRAVERSER DES TERRAINS PARSEMÉS D'OBSTACLES.

————

CHAPITRE I. — DES SAUTS.

73. Les exercices de ce chapitre doivent être dirigés avec une prudence extrême

L'instructeur a soin de ne pas laisser dégénérer l'émulation qui doit animer les hommes en un esprit de rivalité qui les exciterait à de dangereux essais.

Dans les temps froids, il s'abstient de faire exécuter les sauts qui exigent de violents efforts ; en tout temps, il en dispense les hommes qui ne seraient pas parfaitement disposés.

L'imprévoyance et l'inobservation des règles peuvent seules occasionner des accidents.

On augmente graduellement les dimensions de l'obstacle à franchir, mais sans jamais exiger des hommes un saut en profondeur de plus de 5 mètres.

SECTION I. — Sauts sans instruments.

ARTICLE Ier. — Sauts a pieds joints.

—

§ 1er. Sauts en avant.

Ier EXERCICE. *Sauts en largeur en avant* fig. 57, a, b.

74. L'instructeur commande :

1. *Attention.*
2. *Saut en largeur en avant.*
3. UN.
4. DEUX.
5. TROIS.

Au deuxième commandement, l'homme ferme la pointe des pieds. Au commandement de *un*, il fléchit sur les extrémités inférieures en soulevant légèrement les talons et en tendant les bras en arrière, les poings fermés (a). Il se redresse, les bras tombant naturellement.

Au commandement de *deux*, il répète ce mouvement.

Au commandement de *trois*, il recommence le même mouvement, étend vivement les jarrets en jetant les bras en avant, franchit la distance ou l'obstacle (b), tombe sur la pointe des pieds, fléchit et se redresse.

2e EXERCICE. — *Saut en hauteur* fig. 58. a, b.

75. L'homme étant de pied ferme devant une table, un banc, etc., l'instructeur commande :

1. *Attention.*
2. *Saut en hauteur.*
3. UN.
4. DEUX.
5. TROIS.

A ces divers commandements, l'homme exécute ce qui a été prescrit pour le saut en largeur, avec cette différence qu'au commandement de *trois*, il lance les bras en l'air pour aider à l'ascension du corps (a).

Lorsque la table, etc., etc., est trop près pour permettre d'enlever les jambes en avant, l'homme les ploie en arrière (b).

3ᵉ EXERCICE. — *Saut en profondeur simple* fig. 59. a, b.

76. L'homme étant monté sur un mur, une table, un banc, etc., l'instructeur commande :

1. *Attention.*
2. *Saut en profondeur simple en avant.*
3. UN.
4. DEUX.
5. TROIS.

Au 2ᵉ commandement, l'homme ferme la pointe des pieds et les place légèrement en saillie.

Au commandement de *un*, il fléchit légèrement les extrémités inférieures en portant les poings en l'air, les bras tendus parallèlement (a) et revient à sa position.

Au commandement de *deux*, il répète ce mouvement.

Au commandement de *trois*, il fléchit de nouveau sur les extrémités inférieures, de manière à diminuer le plus possible la hauteur du corps, quitte l'élévation où il se trouve en allongeant les jambes et en portant les bras en l'air (b), tombe sur la pointe des pieds en fléchissant et reprend sa première position.

4ᵉ EXERCICE. — *Saut en largeur, et profondeur en avant* fig. 60.

77. L'homme étant monté sur un mur, une table, etc., l'instructeur commande :

1. *Attention.*
2. *Saut en largeur et profondeur.*
3. UN.
4. DEUX.
5. TROIS.

A ces divers commandements, l'homme exécute ce qui a été prescrit pour le saut en largeur, en ayant soin toutefois de porter les bras en avant, au départ, et en l'air, à la chute.

5ᵉ EXERCICE. — *Saut en largeur et hauteur* fig. 64.

78. L'instructeur fait placer l'homme à quelque distance de l'objet sur lequel il doit sauter et commande :

1. *Attention.*
2. *Saut en largeur et hauteur.*
3. UN.
4. DEUX.
5. TROIS.

Ce saut s'exécute comme le saut en hauteur, avec cette différence qu'il faut porter les bras en avant, puis en l'air en mesurant la force du mouvement à la hauteur du point sur lequel on doit arriver.

6e EXERCICE. — *Saut en hauteur et profondeur* fig. 62,

79. L'instructeur fait placer l'homme près de l'objet qu'il doit franchir et commande :

1. *Attention.*
2. *Saut en hauteur et profondeur.*
3. UN.
4. DEUX.
5. TROIS.

A ces divers commandements, l'homme exécute ce qui a été prescrit pour le saut en hauteur, mais au lieu de s'arrêter sur l'obstacle, il le franchit, et se conforme, en tombant, aux principes du saut en profondeur simple.

7e EXERCICE. — *Saut en largeur, hauteur et profondeur* fig. 63.

80. L'homme étant de pied ferme et ayant à franchir un obstacle en largeur, hauteur et profondeur, l'instructeur commande :

1. *Attention.*
2. *Saut en largeur, hauteur et profondeur.*
3. UN.
4. DEUX.
5. TROIS.

Ce saut s'exécute d'après les principes

prescrits pour le saut en largeur et hauteur, mais au lieu de s'arrêter sur l'obstacle, l'homme prend assez d'élan pour passer par-dessus et arriver de l'autre côté, de la manière indiquée pour le saut en largeur et profondeur.

Il n'est pas nécessaire que le terrain au delà de l'obstacle soit de niveau avec le point de départ.

§ 2ᵉ. Sauts de côté.

1ᵉʳ EXERCICE.—*Saut en largeur, vers la droite ou vers la gauche* fig. 64. a, b,

81. L'instructeur commande :

1. *Attention.*
2. *Saut en largeur vers la droite.*
3. UN.
4. DEUX.
5. TROIS.

Au 2ᵉ commandement, l'homme ferme la pointe des pieds. Au commandement de *un,* il fléchit les jarrets en tendant les bras vers la gauche (a) et se redresse, les bras tombant naturellement.

Au commandement de *deux,* il répète ce mouvement.

Au commandement de *trois,* il recommence ce mouvement avec plus d'énergie, fléchit légèrement les extrémités inférieures, s'élance vers la droite, le plus loin possible, en jetant vivement les bras dans la même direction, tombe sur la pointe des pieds, fléchit (b) et se redresse.

Le saut en largeur à gauche s'exécute d'après les mêmes principes.

2ᵉ EXERCICE. —*Saut en largeur et profondeur vers la droite (ou vers la gauche).*

82. Ce saut est le même que le précédent, mais exécuté d'un point élevé; l'homme lance les bras à droite au départ et en l'air à la chute.

§ 3ᵉ. Sauts en arrière.

1ᵉʳ EXERCICE.—*Saut en largeur en arrière* fig. 65. a, b.

83. L'instructeur commande :
1. *Attention.*
2. *Saut en largeur en arrière.*
3. UN.
4. DEUX.
5. TROIS.

Au 2ᵉ commandement, l'homme ferme la pointe des pieds.

Au commandement de *un*, il fléchit sur les jambes, porte les bras en avant (a) et se redresse les bras tombant naturellement.

Au commandement de *deux*, il recommence.

Au commandement de *trois*, il fléchit de nouveau sur les jambes en portant les bras en avant; puis, par un mouvement vif et simultané d'extension des jambes et de rétraction des bras, il s'élance en arrière (b).

2ᵉ EXERCICE.— *Saut en profondeur simple en arrière.*

84. Les hommes sont placés sur un mur, une table, etc., etc.

Ce saut s'exécute comme le précédent, avec cette différence que l'homme ne se donne qu'une très légère impulsion en arrière et élève les bras en tombant.

3ᵉ EXERCICE.—*Saut en largeur et profondeur en arrière.*

85. Il s'exécute comme le précédent, en prenant un élan plus énergique pour franchir le plus d'espace possible.

4ᵉ EXERCICE.—*Saut en profondeur en arrière, en prenant un point d'appui avec les mains fig. 66.*

86. L'homme étant debout sur un mur, une poutre, une plate-forme, etc., etc., l'instructeur commande :

1. *Attention.*
2. *Saut en profondeur en arrière en prenant un point d'appui.*
3. UN.
4. DEUX.
5. TROIS.

Au 2ᵉ commandement, l'homme jette un coup d'œil sur l'endroit où il doit tomber, se retourne, joint la pointe des pieds, met les talons en saillie, fléchit sur les extrémités inférieures, le haut du corps en avant, place les mains en dehors des pieds et saisit le bord de

la table ou du mur, les quatre doigts en dessus, le pouce en dessous.

Au commandement de *un*, il soulève légèrement le corps sans bouger les mains, en appuyant sur la pointe des pieds.

Au commandement de *deux*, il recommence.

Au commandement de *trois*, il recommence
encore, lance les jambes en arrière en les allongeant ainsi que le corps, détache les mains,
tombe à terre en fléchissant et porte le haut
du corps en avant, les bras en l'air.

Ce saut s'exécute aussi en largeur et profondeur, en lançant les jambes et le corps
presque horizontalement en arrière.

ARTICLE II.—Sauts précédés d'une course.

—

1er EXERCICE.—*Saut en largeur en avant* fig. 67.

87. L'instructeur désigne successivement
chaque homme, qui se porte à 12 ou 15 pas
du sautoir ou de l'obstacle à franchir.

A l'avertissement de l'instructeur, l'homme désigné part vivement, en observant de
faire les mouvements de progression d'autant
plus précipités qu'il approche davantage du
point indiqué; arrivé à ce point, il presse le
sol du pied qui est en avant, donne un fort
mouvement d'extension à la jambe, s'élance
le plus loin possible, le corps ramassé, les
jambes ployées et réunies, les poings fermés,
les bras tendus parallèlement et à hauteur des

4

épaules, tombe à terre sur la pointe des pieds et fléchit, en conservant les bras tendus en avant, la tête droite.

88. 2ᵉ EXERCICE.—*Saut en largeur et profondeur.*

3ᵉ EXERCICE.—*Saut en largeur et hauteur.*

4ᵉ EXERCICE.—*Saut en largeur, hauteur et profondeur.*

Ces différents sauts, précédés d'une course, s'exécutent d'après les principes prescrits pour le saut précédent, en se conformant, toutefois, pour la position des bras, à ce qui est indiqué pour les sauts à pieds joints.

Dans les sauts en hauteur, plus l'obstacle à franchir est élevé, plus la distance du point de départ doit être grande, et plus on doit rassembler le corps.

89. Pour l'exécution des sauts précédents, l'instructeur peut partager les hommes en deux sections ou pelotons qu'il place par le flanc, la tête de chaque rang faisant face au sautoir ou à l'obstacle. A un signal de l'instructeur, le nº 1 de chaque peloton exécute le saut prescrit, dépasse l'obstacle, converse en dehors et regagne la gauche du peloton; le numéro suivant exécute les mêmes mouvements, et ainsi de suite dans chaque peloton, jusqu'au commandement de *halte* de l'instructeur.

Comme complément des exercices du saut, l'instructeur dispose un terrain propre à faire l'application de tous les principes prescrits;

à cet effet, il y place des bancs, des barrières, des tables, des pierres, etc., etc.

ARTICLE III.—SAUTS AVEC ARMES ET BAGAGES.

90. Les hommes sont exercés progressivement à tous les sauts avec armes et bagages.

Le saut en profondeur n'est exécuté avec armes et bagages que d'une hauteur de 4 mètres au plus.

Le soldat porte son fusil en équilibre de la main droite, le bout du canon en avant et un peu élevé, de manière qu'il ne puisse heurter le sol. Il maintient le sabre de la main gauche.

Lorsque les circonstances obligeront à s'écarter de cette prescription, la position de l'arme devra néanmoins être telle qu'elle ne frappe ni le sol, ni l'obstacle que l'on franchit; qu'elle ne puisse blesser ni l'homme qui la porte ni ses voisins; que son poids nuise le moins possible à l'aplomb du corps et à l'étendue du saut.

Lorsque la pratique des sauts sera familière aux soldats, on en augmentera la difficulté en rendant mobile, d'abord le point de départ, puis le point de chute, et enfin l'un et l'autre à la fois.

Pour s'élancer d'un corps mis en oscillation, l'homme prend son élan au moment où ce corps s'élève.

Pour arriver sur un corps mis en oscillation, il prend son élan au moment où celui-ci s'abaisse.

Il y a grand danger à s'élancer d'un objet entraîné rapidement ; s'il y a urgence, il faut faire face à la direction suivie par cet objet et prendre sur lui, au moment de le quitter, un point d'appui avec les mains, les bras raccourcis, et, en s'en séparant, se repousser en arrière en allongeant les bras.

Il est de principe général que toutes les fois qu'un homme est dans le cas de sauter d'un lieu un peu élevé, il doit s'aider des objets qui sont sous sa main pour atténuer la secousse.

ARTICLE IV. — PRINCIPES GÉNÉRAUX.

91. Les circonstances dans lesquelles le saut doit être exécuté, sont souvent imprévues et demandent une décision prompte. Il importe que les hommes se pénètrent des principes suivants, de manière à en faire, en toute circonstance, l'application spontanée.

1° Juger rapidement, de l'œil, l'obstacle ainsi que le terrain en deçà et au delà.

On reconnaît le terrain en deçà pour bien choisir le point du principal élan : sur un terrain trop lisse, le pied peut glisser ; sur un terrain mou, il ne trouve pas de point d'appui solide.

Par l'inspection du sol au delà de l'obstacle, on choisit son point d'arrivée ; on prévoit les difficultés qu'on y rencontrera.

Une différence de niveau entre le point de

départ et le point de chute modifie sensible-
ment l'amplitude du saut.

2° La respiration doit être suspendue pendant le saut, et
l'air dont la poitrine a été préalablement remplie doit être
expiré au moment où l'homme retombe à terre.

3° Dans les sauts en largeur et en hauteur, projeter
brusquement les poings fermés dans la direction que doit
suivre le corps, afin d'augmenter l'impulsion donnée par les
jambes.

**Pour rendre plus sensible l'utilité de ce
principe, les hommes seront quelquefois exercés à sauter en tenant dans chaque main une
grenade du poids d'un kilogramme environ
ou un boulet de 4. Avec cet auxiliaire, l'amplitude du saut en largeur est augmentée.**

4° Dans les sauts en profondeur, élever les bras verticalement dès que le corps commence à descendre.

**Afin que le corps, arrivant à terre sur la
pointe des pieds, puisse s'affaisser verticalement sans perdre son aplomb.
Si l'homme s'élance dans l'eau, il allonge
les bras et les mains le long des cuisses, les
pieds réunis, les pointes des pieds baissées,
le corps roidi.**

5° Conserver les bras, pendant toute la durée du saut,
dans la position parallèle qu'ils avaient au départ.

Pour éviter de déranger l'équilibre.

6° Dans les sauts en largeur, pencher le corps en avant.

**Pour que, les jambes agissant sur lui plus
obliquement, leur impulsion soit plus efficace.**

4.

La recommandation de précipiter les derniers mouvements de la course dont on fait précéder le saut, a pour principal avantage de permettre d'incliner le corps le plus possible.

7° Tomber sur la pointe des pieds les jambes réunies, en fléchissant toutes les articulations que présente le corps de haut en bas.

Afin que la secousse ne soit transmise à la tête qu'atténuée par de nombreuses décompositions. Les articulations du pied concourent efficacement à ce résultat, et il serait dangereux d'en annihiler l'emploi en tombant sur la plante des pieds et surtout sur les talons.

8° Éviter un affaissement trop brusque du corps; à cet effet, donner à toutes les articulations fléchies un mouvement général et souple de redressement, de manière à former un léger bond sur place.

9° En arrivant à terre, s'abstenir de tout mouvement inutile, de toute position roide et gênée ou qui ne tendrait pas à rétablir l'équilibre

SECTION II.— SAUTS A LA PERCHE.

92. Les hommes sont exercés successivement avec des perches de différentes dimensions, en commençant par les plus petites. De pied ferme, l'homme appuie le gros bout de la perche près de la pointe du pied droit et la maintient verticalement, la main droite placée à la hauteur de la tête.

En marche, l'homme porte la perche de la

main droite, le gros bout en avant à environ
5 centimètres de terre, la perche appuyant à
l'épaule, le petit bout incliné légèrement vers
la gauche.

Pour poser la perche à terre et la relever,
l'homme avance le pied gauche en fléchissant,
la main gauche appuyée sur le genou.

Exercices préparatoires.

93. Les exercices de cette section s'exécutent individuellement et sans commandement.
Les hommes sont placés à trois pas d'intervalle.

L'instructeur commande :

1. *Attention.*
2. *Pour sauter à la perche.*
3. EN POSITION.

Au 3ᵉ commandement, l'homme élève la
main droite au-dessus de la tête, en la faisant
glisser le long de la perche le pouce en haut,
saisit la perche de la main gauche, à un mètre environ de la main droite, le pouce en
bas, les ongles en dessus et se fend de la
jambe gauche en portant le bout inférieur de
la perche à environ un mètre en avant.

Lorsque l'homme se sert d'une perche de
la longueur d'un fusil, ou à peu près, il appuie la paume de la main droite sur la partie
supérieure de la perche.

L'homme tenant la perche dans la position
qui vient d'être indiquée, court trois ou quatre pas en avant, appuie le bout inférieur de

la perche droit devant lui, prend un élan sur
le pied gauche, soulève le corps en s'appuyant
fortement sur les mains sans les laisser glisser, lance les jambes vers la droite, franchit
un certain espace dans une position à peu près
horizontale, en pivotant vers la droite et faisant face à gauche, tombe en fléchissant, relève le bout inférieur de la perche en se re-
dressant, reprend la 1re position et répète cet
exercice jusqu'à l'avertissement de l'instructeur.

Cet exercice s'exécute aussi en pivotant vers
la gauche. Dans ce cas, la main gauche occupe
la position prescrite pour la main droite.
Quand la dimension des perches le permet
(trois ou quatre mètres) ces exercices peuvent
s'exécuter de la manière suivante : l'homme
place la perche dans une position horizontale,
les mains à hauteur des coudes, les ongles en
dessus, les mains séparées entre elles d'un
mètre environ, les deux extrémités de la perche dépassant chaque main de la même longueur. A l'avertissement de l'instructeur,
l'homme prend son élan sur le pied gauche, en
se conformant aux principes prescrits ci-dessus, prend un nouvel élan sur le pied droit en
lançant le corps à gauche, la main droite
placée en bas, et continue alternativement
ainsi sans interruption, jusqu'à l'avertissement
de l'instructeur. On répète tous ces exercices
jusqu'à ce que les hommes en appliquent parfaitement les principes.

1ᵉʳ EXERCICE.— *Saut en largeur* fig. 68,

94. L'homme saisit la perche plus ou moins haut, suivant la largeur de l'obstacle qu'il veut franchir.

Il se conforme, en sautant, à ce qui est prescrit pour les exercices préparatoires, avec cette différence qu'il prend un élan beaucoup plus énergique, précédé d'une course plus longue et plus rapide.

Lorsque le saut en largeur a pour but de franchir un fossé, l'homme place le bout inférieur de la perche plus ou moins loin dans le fossé, suivant sa largeur, sa profondeur ou la longueur de la perche.

2ᵉ EXERCICE. — *Saut en hauteur et profondeur* fig. 69,

95. Les principes pour sauter en hauteur sont les mêmes que pour le saut en largeur, avec cette différence que la force d'impulsion imprimée par les jambes et les bras est produite dans le sens de la hauteur et que les extrémités inférieures sont portées au moins au niveau de la tête; l'homme franchit l'obstacle et fléchit en tombant.

Si l'obstacle à franchir est élevé d'environ 1 mètre 50 centimètres, l'homme fixe le bout inférieur de la perche à une distance de **30** centimètres; cette distance s'accroît en raison de l'élévation de l'obstacle.

L'instructeur habitue d'abord les hommes à franchir des obstacles d'un mètre environ;

il augmente ensuite graduellement cette hauteur.

L'homme ne se dessaisit de sa perche qu'autant que l'obstacle qu'il franchit est très élevé (2 mètres environ); dans ce cas il la repousse de la main avant de toucher à terre.

3e EXERCICE.—*Saut en largeur, hauteur et profondeur.*

96. Ce saut s'exécute d'après les principes du saut en hauteur.

4e EXERCICE.—*Saut en largeur et profondeur d'un point élevé* fig. 70.

97. Les hommes sont placés sur un mur, une plate-forme, une échelle à sauter, etc.

L'homme fixe le bout inférieur de la perche plus ou moins loin devant lui, suivant l'espace qu'il doit franchir, saisit la perche des deux mains le plus haut possible, balance deux ou trois fois le haut du corps en avant et en arrière, en s'appuyant sur la perche sans bouger les pieds, s'élance en avant au dernier mouvement en donnant une vive impulsion à la perche qui se redresse et, pivotant sur le bout inférieur, parcourt une portion de cercle. L'homme conservant un point d'appui sur les mains, lance les jambes en avant et tombe le plus loin possible en fléchissant. Le corps passe à droite ou à gauche de la perche.

Cet exercice s'exécute aussi avec deux perches. L'homme tient une perche de chaque main; les perches sont placées parallèlement

et espacées entre elles de 65 centimètres environ ; on ne doit pratiquer ce dernier exercice que d'un lieu peu élevé.

CHAPITRE VI. — Natation.

145. On profite, dans les corps, de toutes
les occasions pour faire apprendre à nager
aux sous-officiers et soldats

Une partie du temps consacré aux exercices gymnastiques est employée à la natation
pendant la saison des bains.

Quelque temps avant cette époque, le capitaine instructeur reconnaît les lieux propres
à la natation et s'informe, auprès des autorités
et des mariniers surtout, des mesures de sû-
reté à prendre eu égard aux localités ; il fait à
ce sujet un rapport au lieutenant-colonel.

Il est tenu note, dans chaque compagnie,
des meilleurs nageurs.

Les hommes qui ne savent pas nager sont
d'abord exercés aux mouvements élémentaires de la natation sur un chevalet à sangles.
Machines. *Pl.* II, N° 12) (1).

_____

(1) Une table de caserne, sur laquelle on met une pail-
lasse ou un matelas, peut très-bien remplacer le chevalet
à sangles.

Après quelques leçons sur le chevalet, ils sont exercés dans l'eau.

ARTICLE 1er.—NAGER SUR LE VENTRE.

146. L'homme étant couché à plat ventre sur la sangle, l'instructeur commande :

1. *Mouvements de natation.*
2. EN POSITION.
3. UN, DEUX, TROIS.

Au commandement de *en position*, rapprocher les talons des fesses, les genoux écartés autant que possible, les talons se touchant, les pointes des pieds ouvertes, porter les coudes au corps, rapprocher les paumes des mains l'une de l'autre, les doigts allongés, joints et dirigés en avant, la tête un peu relevée.

Au commandement de *un*, allonger vivement et simultanément les bras et les jambes, celles-ci écartées.

Au commandement de *deux*, rapprocher les genoux l'un de l'autre, les jambes tendues, séparer les mains à environ 16 centimètres, les paumes en dessous, le côté extérieur de la main un peu relevé.

Au commandement de *trois*, décrire lentement un cercle de chaque main, les bras tendus; rapprocher les coudes du corps et les talons des fesses, en revenant à la première position, et continuer ainsi en comptant tous les mouvements.

La première fois qu'on met l'homme à l'eau et jusqu'à ce qu'il commence à nager, on le soutient au moyen d'une corde et d'une ceinture. L'instructeur lui fait répéter les mouvements qu'il a faits sur la sangle. Peu à peu, l'homme prend de la confiance et commence à avancer, avec l'aide de la corde au besoin.

On exerce aussi l'homme à se retourner sur le dos, les jambes étendues et à se soutenir ainsi à la surface de l'eau, pour se reposer, au moyen d'un mouvement horizontal des mains.

Pour avancer dans cette position, il rapproche les talons des fesses, les genoux écartés autant que possible, allonge vivement les jambes pour refouler l'eau en rapprochant les genoux, les mains aidant à ce mouvement.

ARTICLE II.—PLONGER.

147. Il est important d'habituer les hommes à plonger.

Pour plonger, l'homme s'élance la tête la première et gagne le fond de l'eau en nageant.

Pour revenir à la surface, il se place verticalement, la tête en haut et nage dans cette position.

Observations.

148. L'exercice de la natation a lieu de préférence le matin, après le lever du soleil, ou une heure au moins avant son coucher.

On évite avec soin de se plonger dans l'eau, le corps étant en sueur, et on commence par quelques aspersions sur la tête.

La natation ne doit pas être prolongée jusqu'à la fatigue.

Au sortir de l'eau, il faut s'essuyer avec soin, s'habiller rapidement et se mettre en marche.

Troisième Partie.

DES COURSES.

SECTION Ire.—COURSES CADENCÉES.

ARTICLE Ier.—COURSES CADENCÉES SANS ARMES
fig. 143.

245. L'instructeur commande :

1. *Peloton en avant.*
2. *Pas de course cadencée.*
3. MARCHE.

Au 3e commandement, le peloton part vivement au pas de course, en conservant l'alignement ; chaque homme se conformant aux principes prescrits à l'article de la course dans les chaînes.

Dans la marche de front, la distance entre les rangs étant de 70 centimètres, les files marchent à l'aise.

Dans la marche de flanc, les files prennent entre elles cette même distance de 70 centimètres.

L'instructeur voulant arrêter le peloton, commande :

Peloton=HALTE.

A ce commandement, le peloton s'arrête, les rangs et les files serrent à leurs distances.

La vitesse du pas de course est de 200 mouvements par minute (4 kilom. en 20 minutes).

La durée de cette course est progressive.

A moins de nécessité absolue, elle ne doit pas excéder 20 minutes.

Le pas de course n'est jamais oblique.

ARTICLE II.—CHANGEMENT DE DIRECTION.

246. Les changements de direction au pas de course se font par les principes des conversions en marchant.

A cet effet, l'instructeur fait prendre au peloton le guide du côté opposé au changement de direction.

Lorsque le peloton est de 8 à 14 files, le pas est de 65 centimètres au pivot.

Lorsque le peloton est de 15 files ou plus, l'homme placé au pivot fait le pas de 33 centimètres.

Lorsque le nombre des files est au-dessous de 8, les changements de direction s'exécutent par les commandements et d'après les principes prescrits par l'ordonnance pour tourner à droite ou à gauche du côté du guide.

L'instructeur doit tenir compte de la fatigue des ailes marchantes dans les conversions,
et avoir soin de prescrire les changements de
direction tantôt sur une aile, tantôt sur l'autre.

ARTICLE III.—Courses avec armes et bagages.

247. Les hommes après avoir été exercés
à la course sans armes, le sont avec armes, et
ensuite avec armes et bagages ; l'arme se
porte sur l'une ou l'autre épaule, selon le
commandement de l'instructeur.

ARTICLE IV.—Course en portant des fardeaux.

248. Les hommes exécutent la course cadencée en portant des objets utiles à la guerre,
tels que fascines, sacs à terre, gabions, projectiles, etc., etc. A défaut de ces objets, on
se sert de sacs remplis de sable dont le poids
est progressivement élevé de 10 à 25 kilog.

Les hommes portent ces fardeaux de la
manière qu'ils trouvent la plus commode ; ils
n'occupent dans le rang que l'espace nécessaire pour ne pas se gêner entre eux.

Ils sont aussi exercés à porter et à traîner
des fardeaux dont le transport exige le concours de plusieurs hommes, tels que échelles,
poutres, saucissons, caissons, affûts, etc., etc.

L'instructeur fait sentir aux hommes la nécessité d'une cadence soutenue pour obtenir
le concours le plus efficace de leurs efforts ;

il veille à ce qu'ils ne heurtent point les uns contre les autres les objets dont ils sont chargés.

Il les exerce également à transporter, rapidement et avec adresse, des blessés, en plaçant des hommes sur des brancards ou sur des siéges improvisés.

ARTICLE V.— COURSE EN MONTANT ET EN DESCENDANT.

249. Se conformer pour ces deux exercices à ce qui a été prescrit pour la marche en montant et en descendant.

ARTICLE VI.— COURSE EN ARRIÈRE.

L'instructeur commande :

1. *Course en arrière.*
2. *Attention.*
3. MARCHE.

250. Au premier commandement, porter tout le poids du corps sur le pied droit.

Au commandement de *marche*, porter rapidement le pied gauche en arrière sans tourner la tête, placer la pointe du pied à terre à un mètre du droit, porter le pied droit en arrière de la même manière, et continuer ainsi pendant 30 ou 40 pas seulement.

Les hommes sont amenés progressivement à faire le pas de la longueur déterminée ci-dessus.

SECTION II. — COURSE DE VÉLOCITÉ.

L'instructeur commande :

1. *Course de vélocité.*
2. EN POSITION.
3. *Attention.*
4. MARCHE.

251. Au 2ᵉ commandement, avancer le pied droit à 33 centimètres du pied gauche, le genou droit fléchi, la jambe gauche tendue; incliner le haut du corps en avant, placer les coudes en arrière, les poings à hauteur et près des hanches, les ongles en dedans, la tête droite.

Au commandement de *marche*, s'élancer vivement vers le but indiqué, en donnant à la course la plus grande rapidité possible.

La longueur du pas dans cette course est indéterminée.

L'instructeur s'attachera à faire comprendre que le plus sûr moyen de courir vite est de précipiter le pas sans l'allonger.

Les hommes ne perdront pas de vue que tout en donnant à leur course la plus grande rapidité possible, ils doivent ménager leurs forces de manière à pouvoir atteindre le but (1).

Comme dans l'exercice précédent, les hommes sont exercés progressivement sans armes et avec armes et bagages.

Dans cette course les hommes portent, à

---

(1) Ce principe est général pour tous les exercices par émulation.

volonté, l'arme sur l'une ou l'autre épaule,
ou en bandoulière.

SECTION III. — COURSE ENTRE DES PIERRES.

252. Franchir chaque pierre en ne plaçant
qu'un seul pied dans l'intervalle qui les sé-
pare, le pied passant au-dessus des pierres
sans les toucher.

OBSERVATIONS

POUR LA CONSTRUCTION ET L'ENTRETIEN DES APPAREILS ET INSTRUMENTS.

Les machines qui doivent rester continuellement exposées à l'extérieur sont construites en vieux bois de chêne et peintes à trois couches.

Les parties qui doivent entrer dans la terre sont passées au feu et goudronnées jusqu'à 50 centimètres au-dessus du sol.

Le bois est peint en couleur jaune chamois, le fer en couleur noire.

Les machines qui restent à couvert peuvent être en sapin.

Pour les perches de tout genre, les montants des échelles, les poignées à lutter, les bâtons de trapèze, on emploie le frêne; pour les échelons des échelles, le cornouiller ou le frêne; pour les consoles, la racine d'orme; pour les mils, le charme.

Le chanvre des cordages doit être de première qualité.

Le fer des perches à double crochet doit être préparé de manière à ne pas céder sous le poids et les efforts des hommes; la pointe des crochets est en acier trempé.

Le sable qui entoure les machines doit être remué avant chaque exercice.

Les cordages sont rentrés chaque soir, et le jour par les temps humides.

L'officier chargé de la direction des exercices gymnastiques s'assure, chaque jour, que le matériel est en bon état; il interdit l'usage de tout appareil, qui, par sa vétusté ou des apparences de détérioration, n'offrirait pas toute sécurité.

A l'approche de la mauvaise saison, les machines qui peuvent se transporter ou se démonter sont mises à couvert autant que possible.

Tous les ans, les machines sont repeintes à une couche, les trous et fissures sont mastiqués et bouchés avec soin.

RÉGIMENT D'INFANTERIE DE LIGNE.

Contrôle des hommes de la 2e (ou de la 3e classe).

INSTRUCTEURS.

M.
M.

Nos		NOMS et PRÉNOMS.	Date de l'entrée au service.	Indication des absences et mutations	Notes sur le zèle et les progrès.
Bataillons.	Compagnies				

Fig. 1. (N.° 8.)

Tourner la Tête à droite
et à gauche.

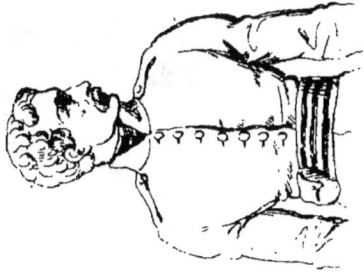

Fig. 2. (N.° 9.)

Fléchir la Tête en avant
et en arrière.

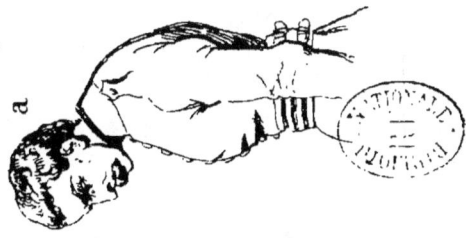

a   b

Fig. 3. (N.° 10.)

Fléchir la Tête vers la droite
et vers la gauche.

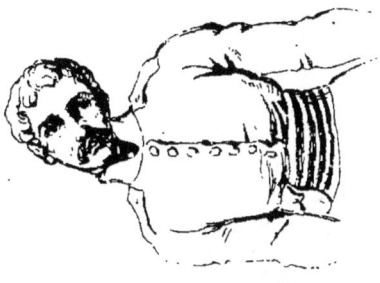

1

2.

Fig. 4. (N.º 11.)

Fléchir le Corps en avant
et en arrière.

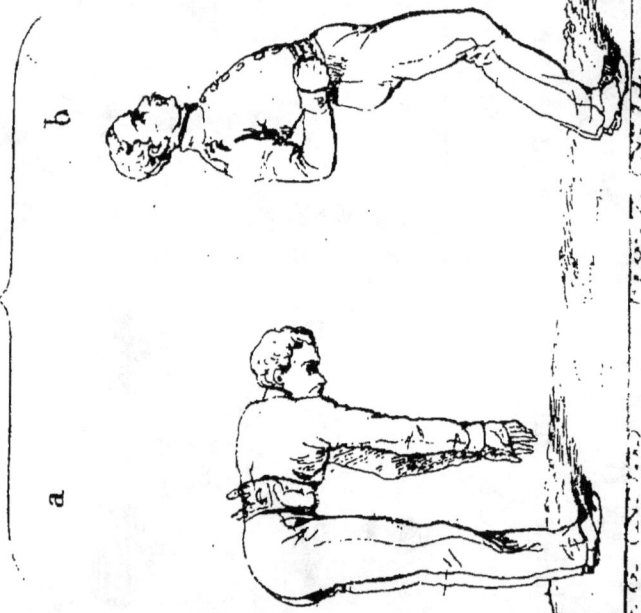

a   b

Fig. 5. (N.º 12.)

Elever et abaisser les Bras
sans flexion.

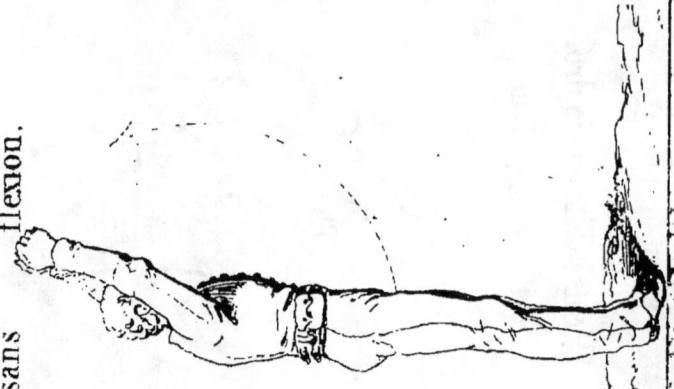

Fig. 5. (N. 10.)

Mouvement vertical des Bras
avec flexion.

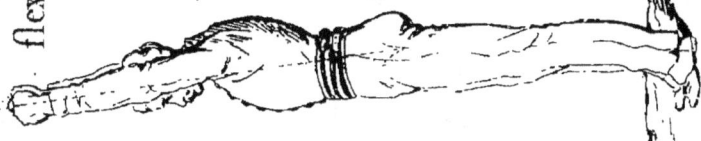

Fig. 7. (N. 14.)

Circumduction latérale
des Bras.

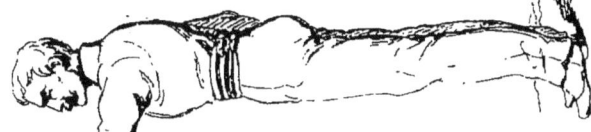

Fig. 6.

Mouvement horizontal
des avant bras.

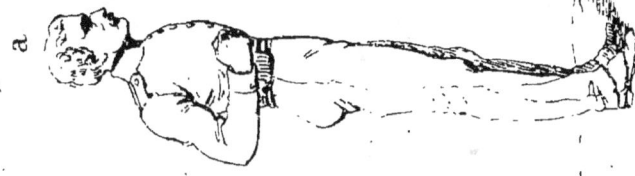

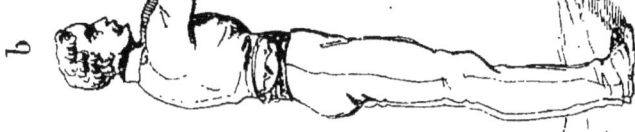

a   b

Fig. 9. (N° 16.)

Etendre les Bras latéralement
et verticalement.

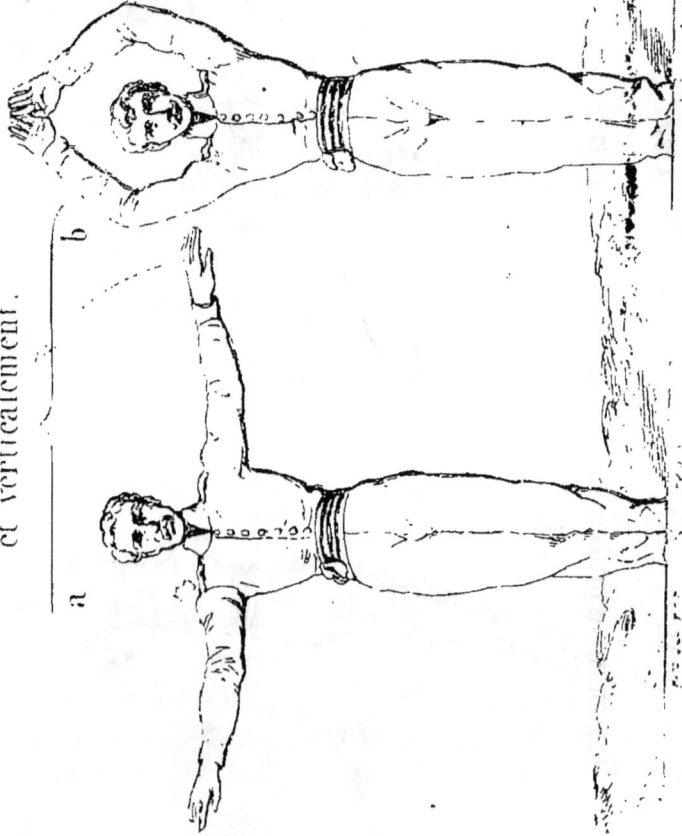

Fig. 10. (N° 17.)

Fléchir la Jambe.

Fig. 11. (N°s 18 et 19.)

Fléchir la cuisse
et la Jambe.

a

b

Fig.12. (N. 20.)

Fléchir sur les extrémités
inférieures.

Fig.13. (N. 25.)

Exercice Pyrrhique.

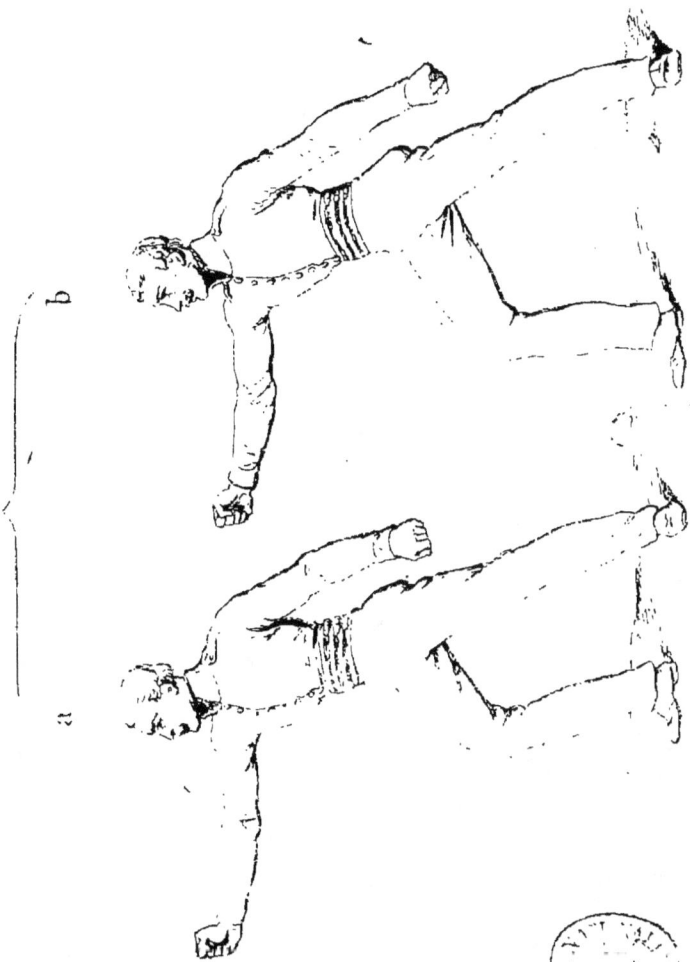

a

b

Fig.14. (N°24.)

Se tenir sur une Jambe
l'autre ployée en avant.

Fig.15. (N°25.)

Se tenir sur une Jambe
l'autre ployée en arrière.

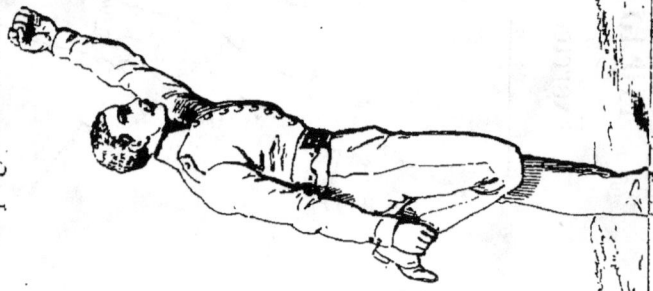

Fig.16. (N°26.)

Poser les Genoux à terre
et se relever.

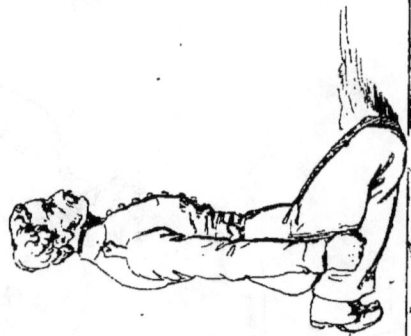

Fig.17. (Nº 27.)

Se pencher en avant
sur un Pied.

Fig.18. (Nº 28.)

Se pencher en arrière
sur un Pied.

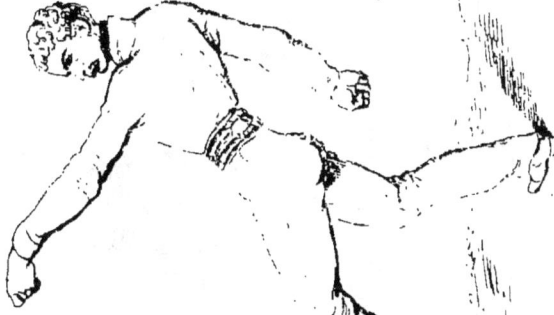

Fig.19. (Nº 29.)

Se pencher à droite ou à gauche
sur un Pied.

8

Fig. 20. (N.º 50.)
Frapper la Poitrine
avec les Poings.

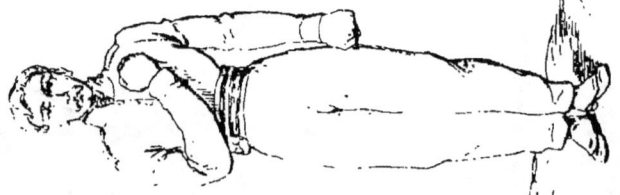

Fig. 21. (N.º 51.)
Lancer alternativement
les Poings en avant.

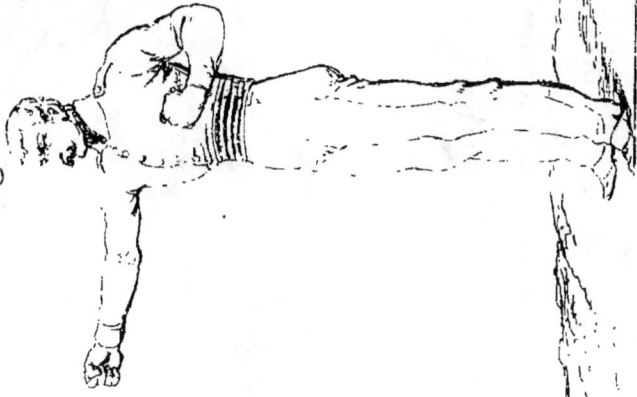

Fig. 22. (N.º 52.)
Supporter les Boulets
avec les Mains.

Fig. 23. (N.° 33.)

Lancer les Boulets
avec les Mains.

a   b

c

10

Fig.24. (N°s 34 et 35.)

Lancer une Barre de fer
à Bras ouvert.

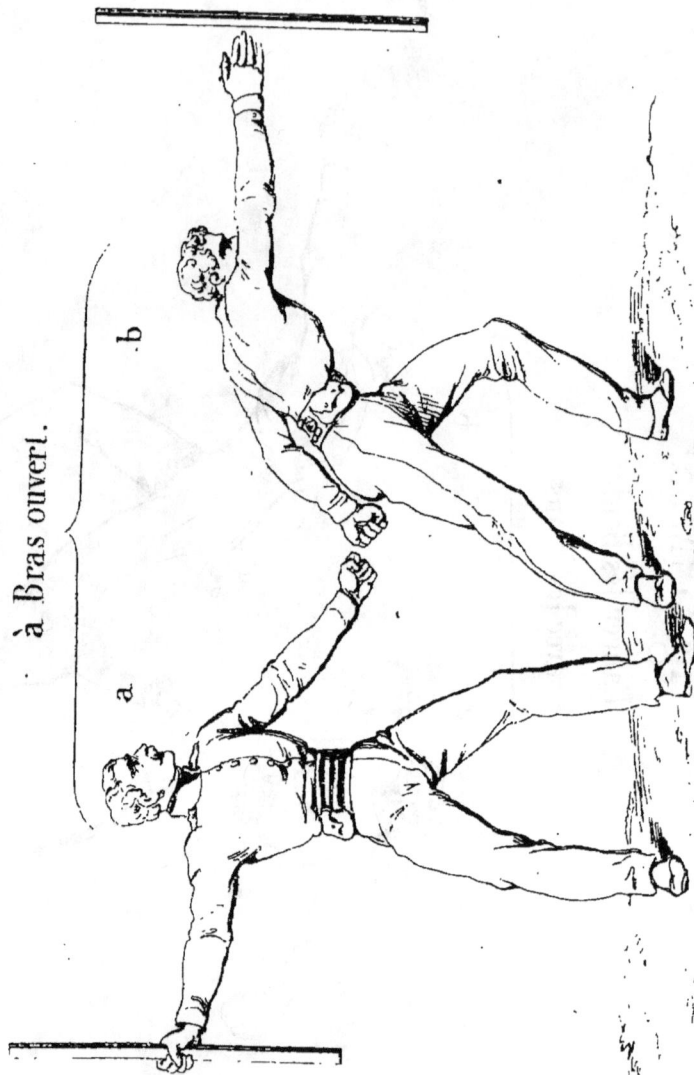

b

a

Fig. 25. (N° 36 et 37.)
Porter le Mil à l'Epaule.

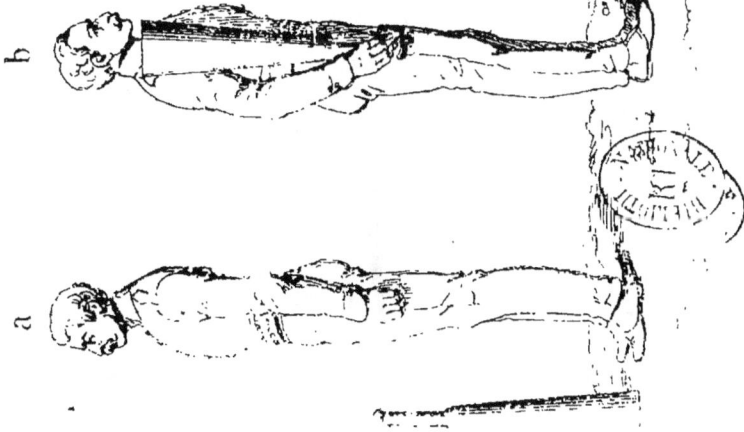

a   b

Fig. 26. (N° 38.)
Porter le Mil
en arrière.

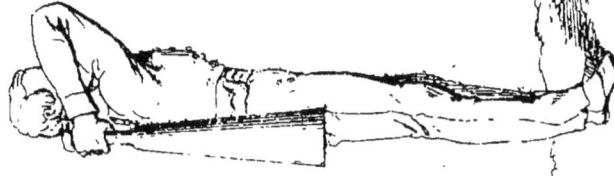

Fig. 27. (N° 39.)
Renverser le Mil
en arrière.

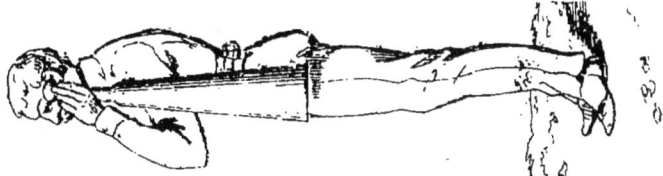

Fig. 29. (N° 41.)
Porter le Mil en dehors
à droite.

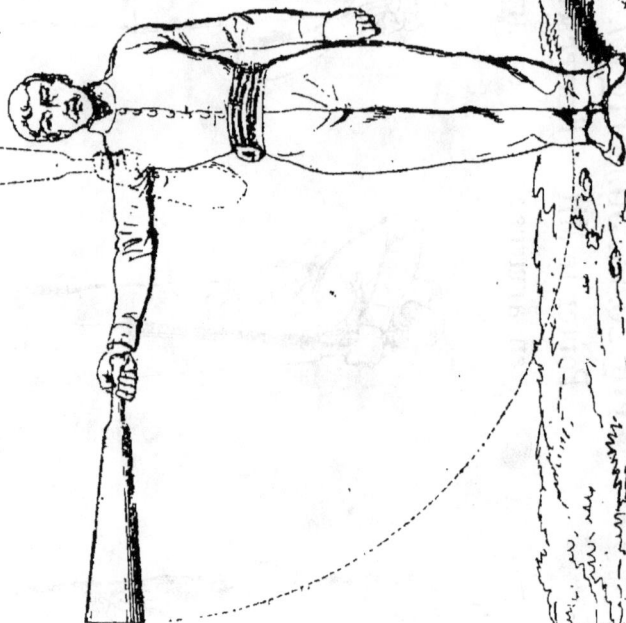

Fig. 28. (N° 40.)
Porter le Mil
en avant.

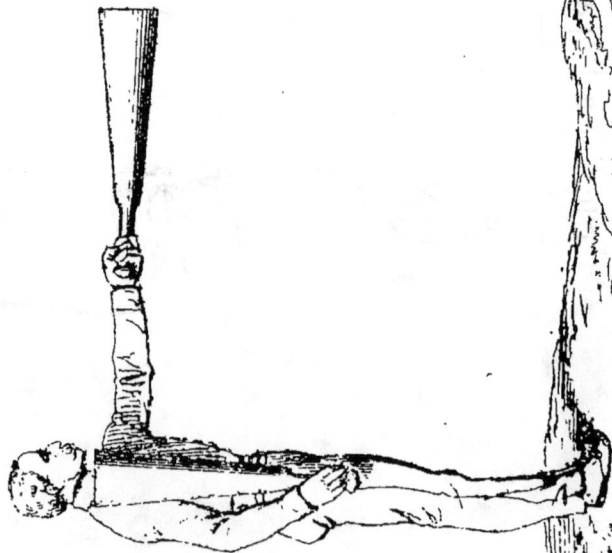

Fig. 50. (N. 42.)
Porter le Mil en dedans à gauche.

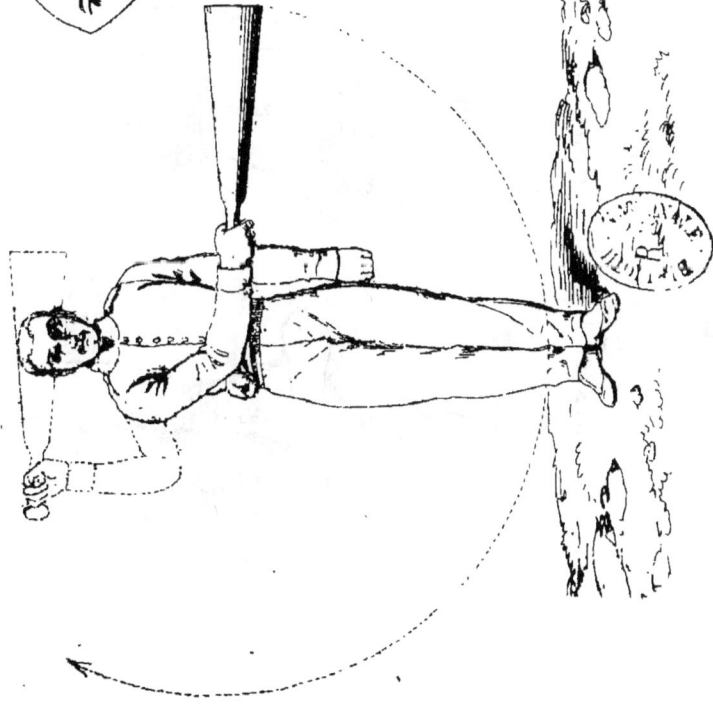

Fig. 51. (N. 43.)
Porter le Mil horizontalement en avant et le passer par dessus la Tête.

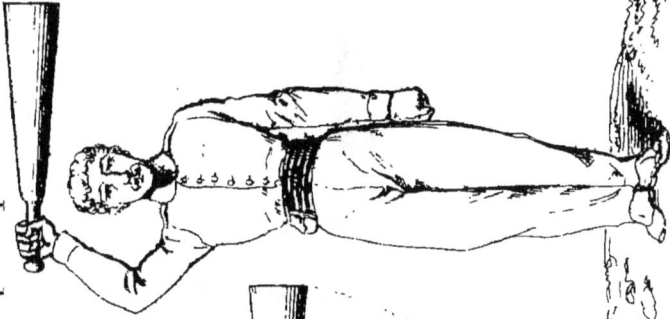

Fig. 52. (N. 44.)
Elever le Mil verticalem.t et le passer derrière la Tête.

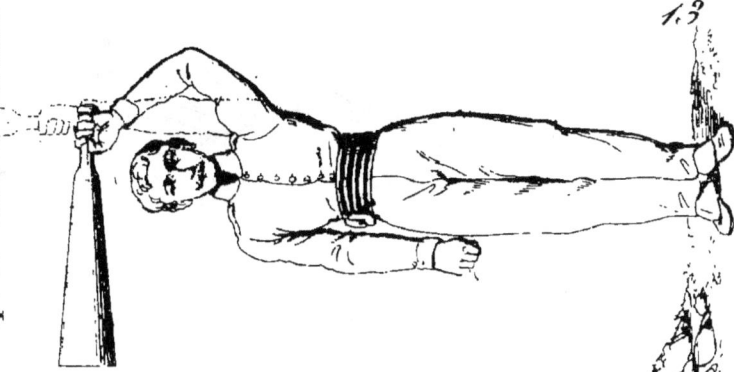

Fig. 53. (N.° 45.)

Abaisser le Mil et le passer
autour du Corps.

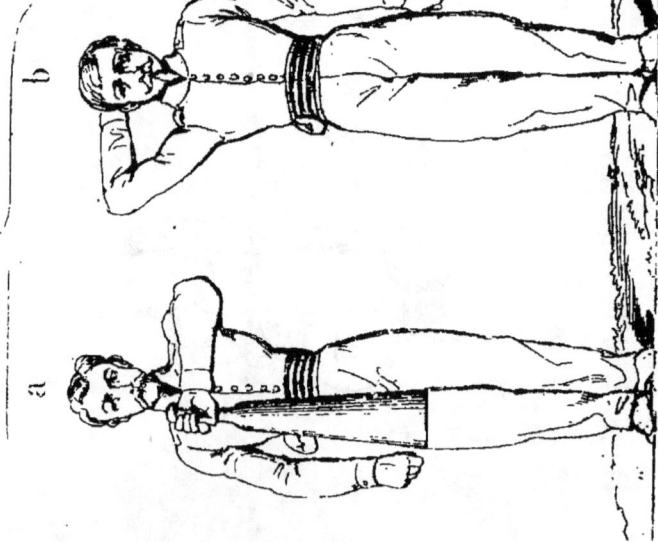

a   b

Fig. 54. (N.° 46.)

Passer le Mil en cercle
par la gauche.

Fig. 86. (N. 80.)
Flexion simultanée
des Jambes.

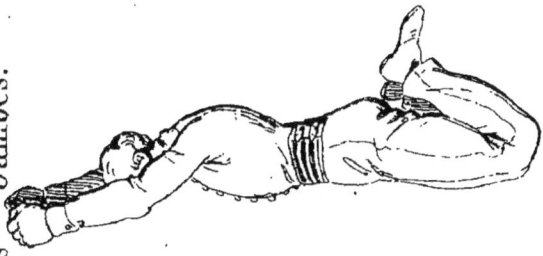

Fig. 85. (N. 79.)
Porter les Mils
à Bras tendus.

15

Fig. 37 (Nº 52)
Flexion simultanée des Cuisses
et des Jambes.

Fig. 38. Nº 53.
Sautillement
sur une Jambe.

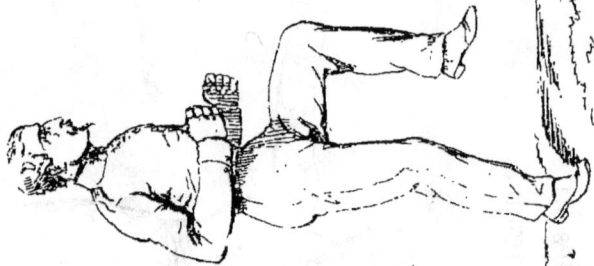

Fig. 39. Nº 54.
Fléchir sur les extrémités
inférieures et marcher
dans cette position.

Fig. 40. (N.º 55.)
Porter un Boulet
avec le Pied.

Fig. 41. (N.º 56.)
Marcher sur la pointe
des Pieds.

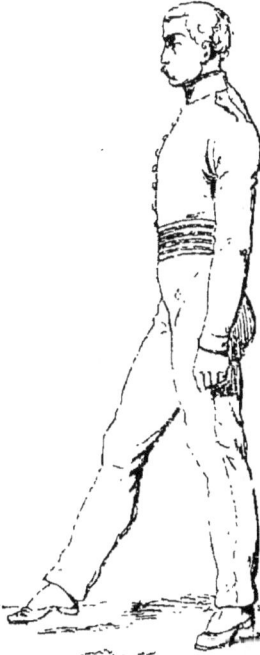

Fig. 42. (N° 57.)
Marcher sur les Talons.

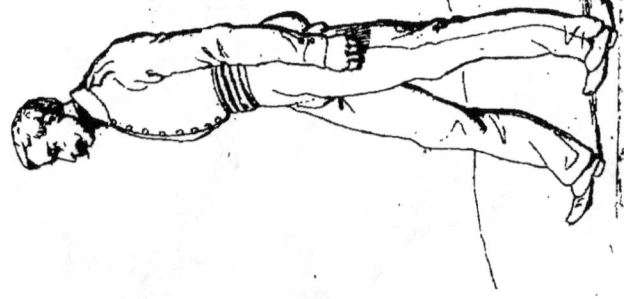

Fig. 43. (N° 58.)
Marcher en montant.

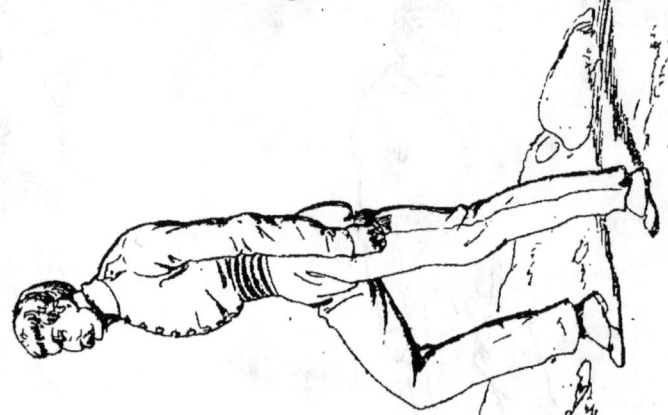

Fig. 44. (N° 58.)
Marcher en descendant.

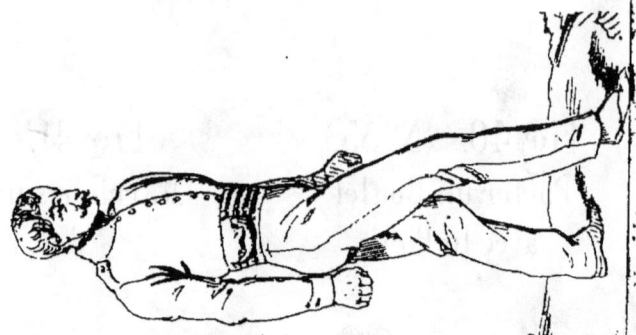

Lutte des Phalanges.

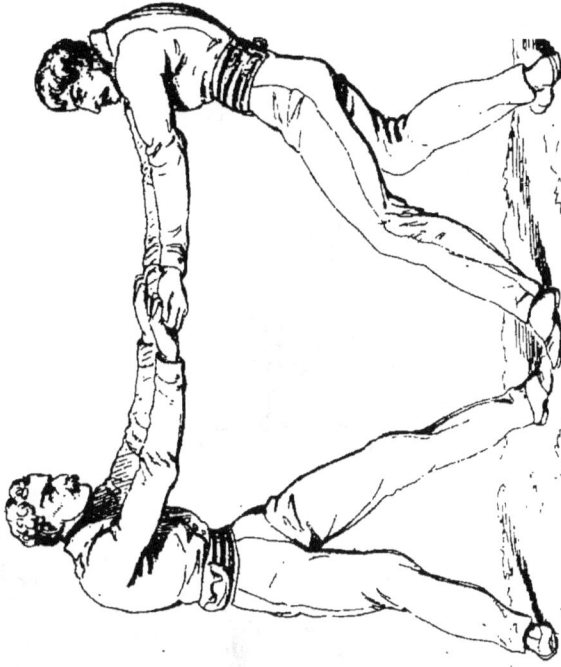

Lutte des Poignets
les Doigts croisés.

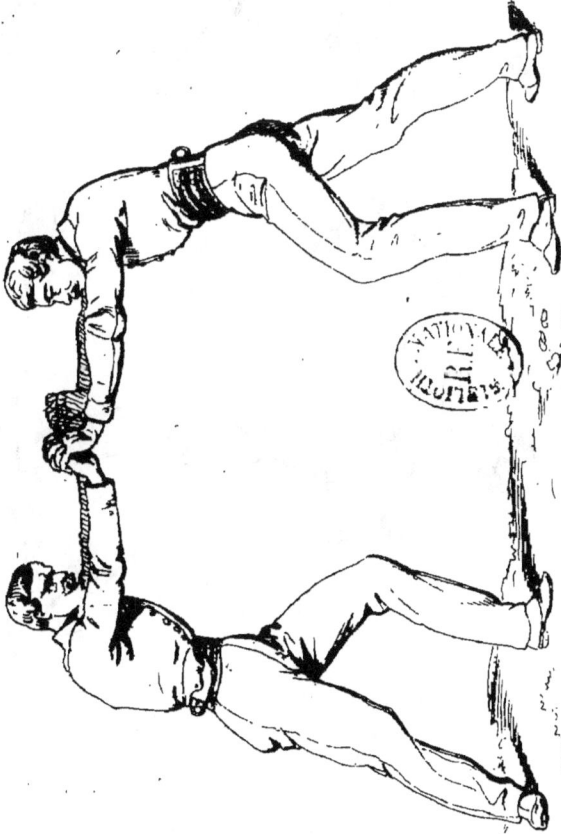

19

Fig. 4. N° 62.

Lutte des Poignets croisés.

20

Fig. 48. (No. 65.)
Lutte des Avant-bras.

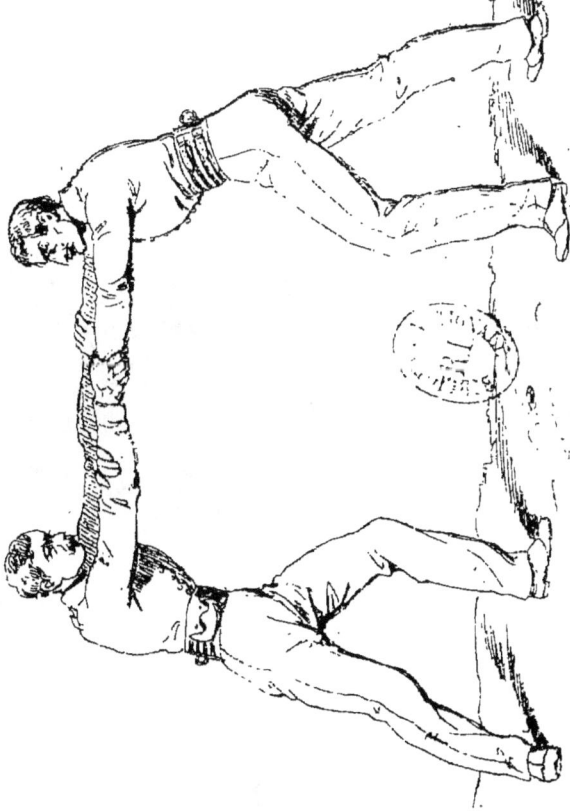

Fig. 47. (No. 64.)
Lutte des Épaules.

Fig. 50. (Nº 65.)

Lutte debout avec des poignées.

Lutte à trois avec des poignées.

Fig. 52. (N.º 67.)
Lutte assis avec des poignées.

a

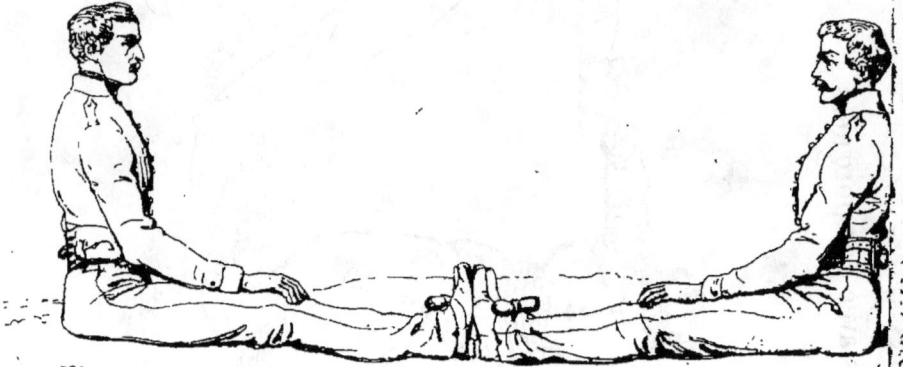

b

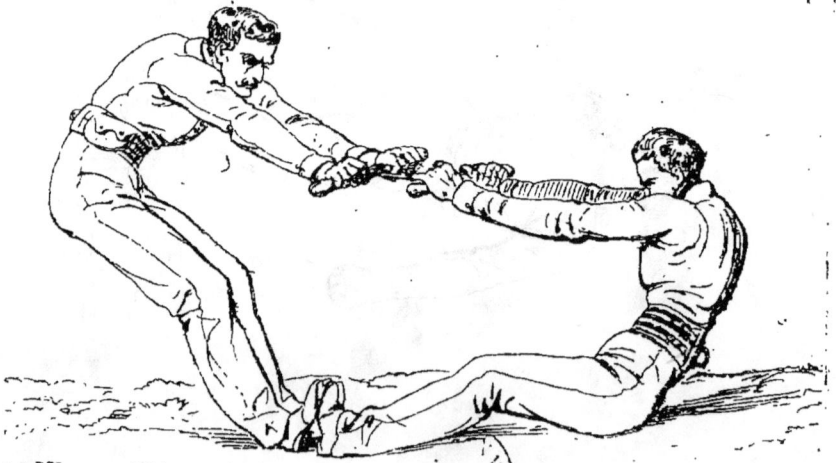

Fig. 53. (N.° 68.)

Lutte avec des arcs-boutants.

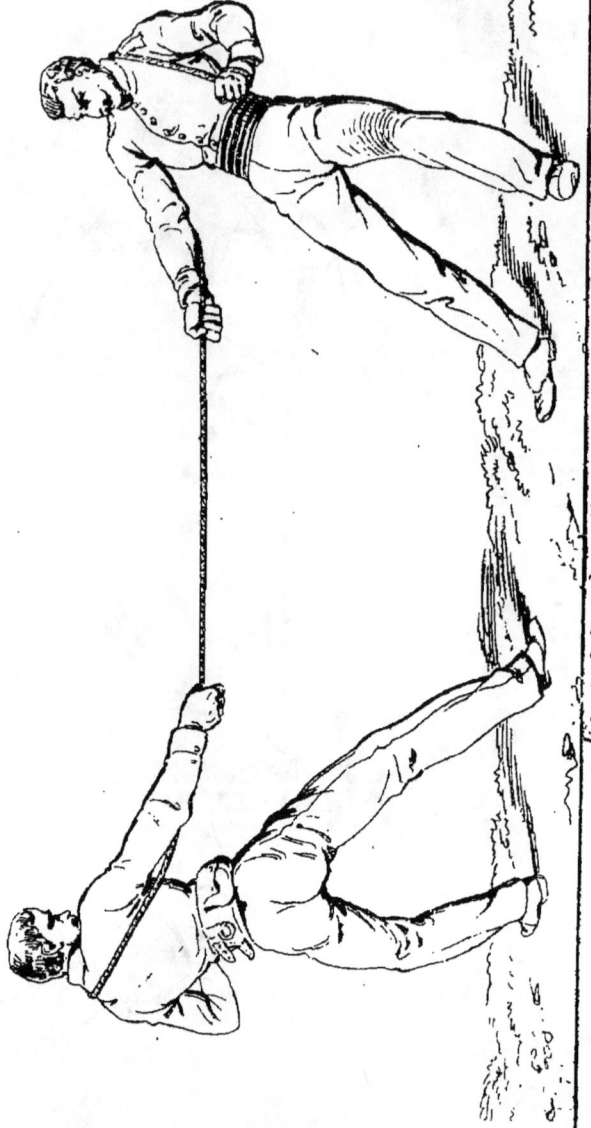

Fig. 54. N° 69.
Lutte de traction à deux.

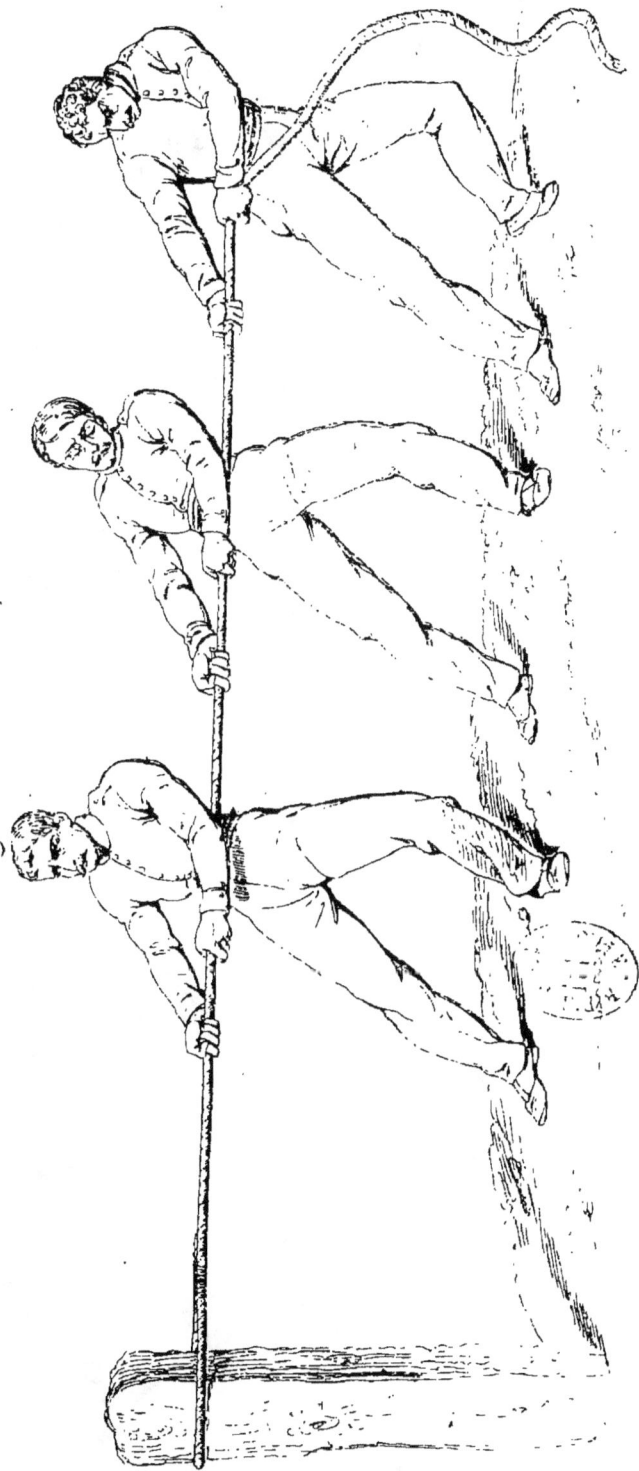

Fig. 55. N. 10.
Traction générale sur un point fixe.

Fig. 56. (N° 71.)
Lutte générale de traction.

Fig. 34. (N. 74.)

Saut en largeur en avant.

a   b

Fig. 58. N° 75.

Saut en hauteur.

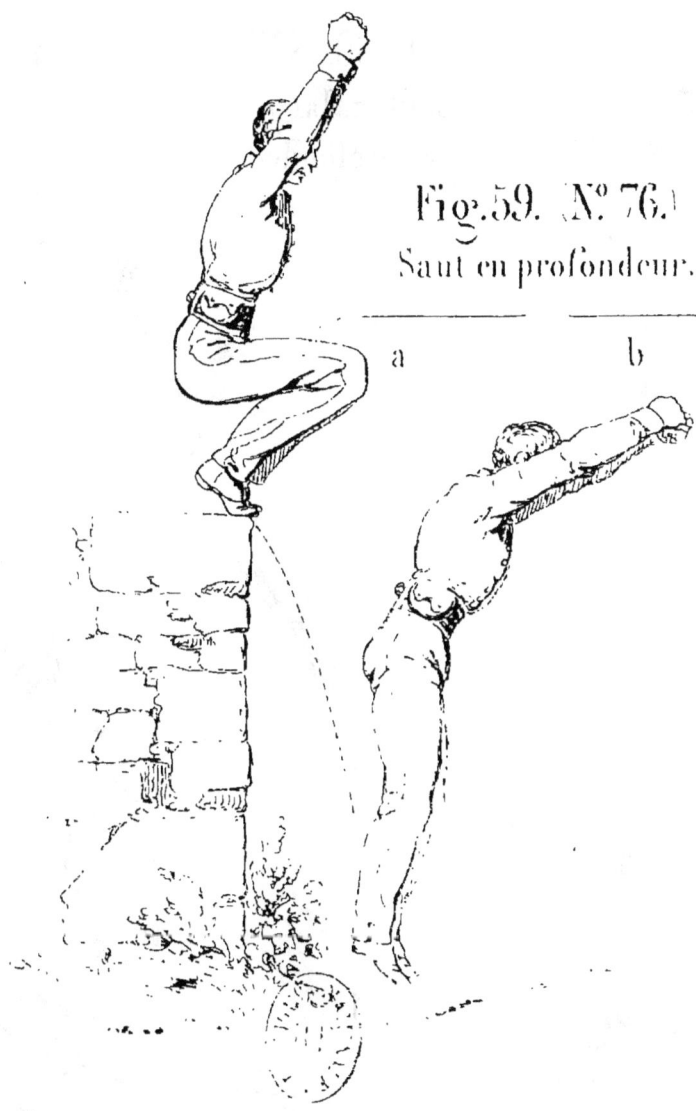

Fig. 59. (N.º 76.)

Saut en profondeur.

a   b

32

Fig. 60. (Nº 77.)
Saut en largeur
et profondeur
en avant.

Fig. 62. (N. 20.)
Saut en hauteur
et profondeur.

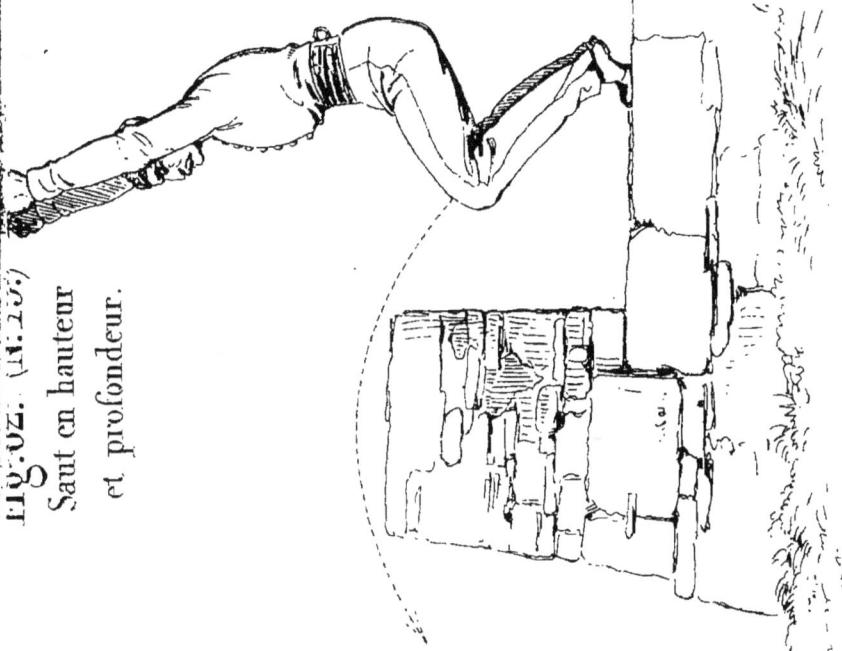

Fig. 63. (N. 21.)
Saut en largeur
et hauteur.

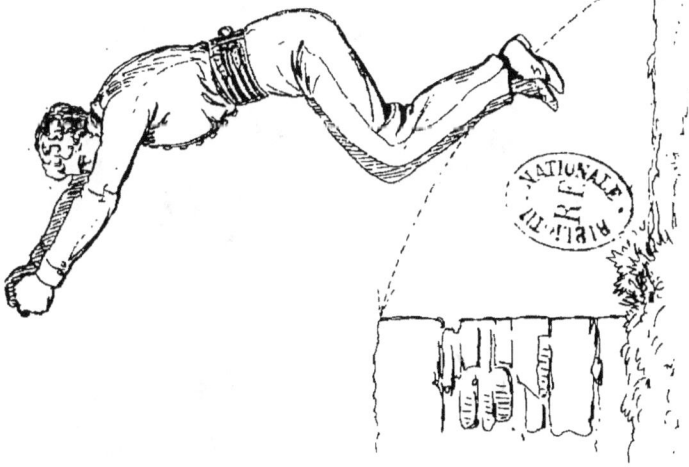

34

Fig. 63. (N.º 80.)
Saut en hauteur, largeur
et profondeur.

Fig. 64. (N.º 81.)

Saut en largeur vers la droite.

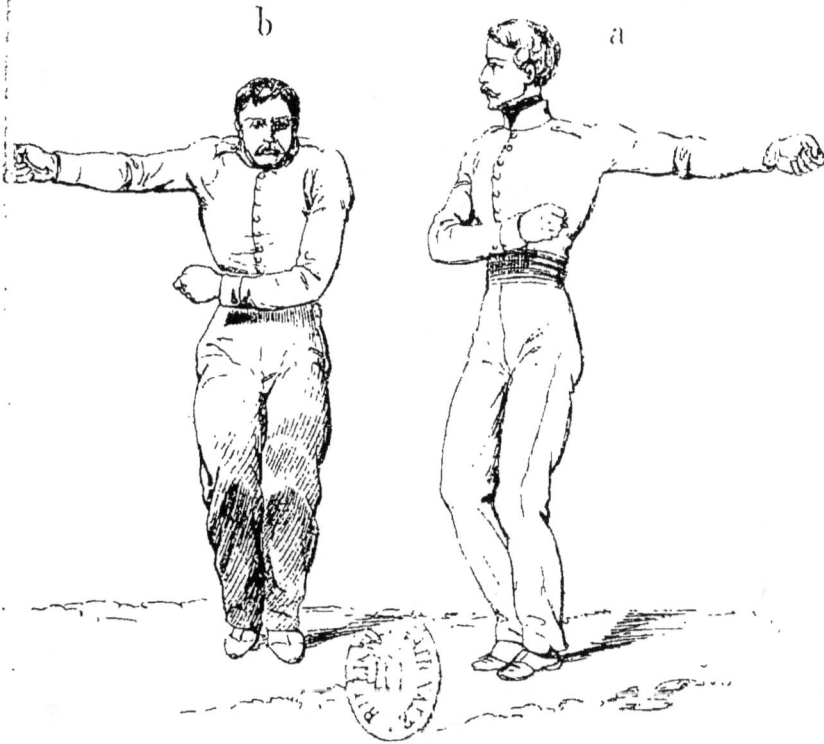

36

Fig. 65. (N°. 83.)

Saut en largeur en arrière.

a

b

Fig. 66. (N°. 86.)

Saut en profondeur en arrière en prenant
un point d'appui sur les Mains.

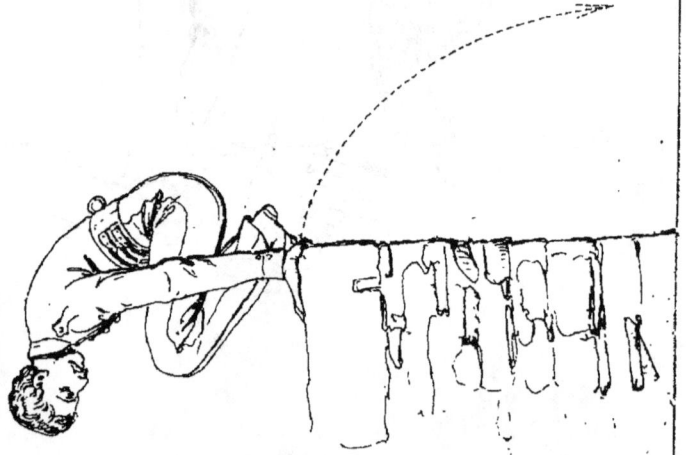

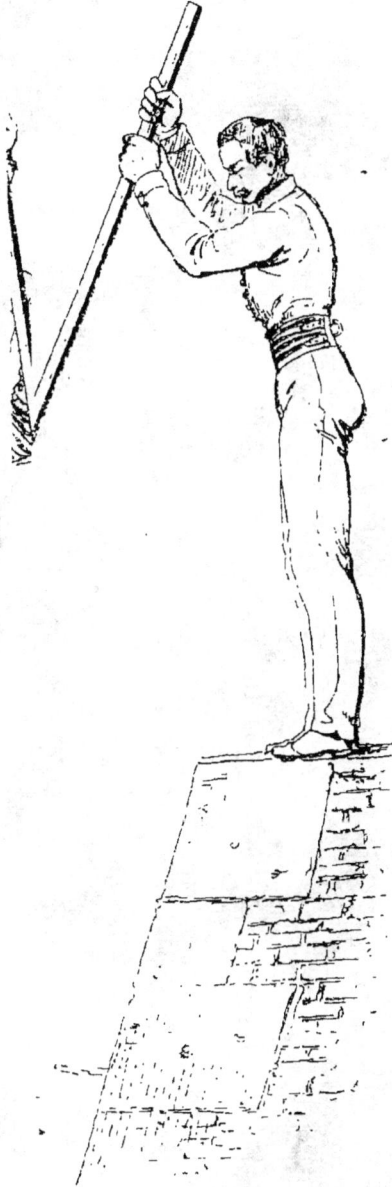

Fig. 143. (N.º 245.)
Course cadencée
sans armes.

On trouve à la même librairie:

INSTRUCTION pour l'enseignement de la gymnastique dans les corps de troupes et les établissements militaires, approuvée par M. le ministre
secrétaire d'état de la guerre, le 24 avril 1847.
1 vol. in-18 et atlas.
Le texte seul.
L'atlas.

GYMNASTIQUE PRATIQUE, contenant la
description des exercices, la construction et le
prix des machines, et des chants spéciaux iné-
dits; ouvrage destiné aux familles, aux établissements d'éducation, aux corps militaires, par
NAPOLÉON LAISNÉ, professeur de gymnastique,
directeur des gymnases des lycées nationaux, de
l'Ecole polytechnique, de l'hôpital des Enfants
malades et ancien sous-officier au 2me régiment
du génie; avec une préface par M. BARTHÉLEMY
SAINT-HILAIRE, membre de l'Institut. 1 vol.
in-8 avec fig. sur bois et pl. gravées sur cuivre,
1850. 9 fr.

INSTRUCTION provisoire sur le tir, publiée par
ordre du ministre de la guerre, 15 juillet 1845,
avec le titre II approuvé le 4 novembre 1849,
contenant les règles du tir des différentes armes
portatives en service faisant usage des balles
sphériques. 1 vol in-8 avec pl., 1850. 30 c.
Le titre II seul avec pl. 15 c.

COURS sur les armes à feu portatives (école du
tir de St-Omer), par M. PANOT, instructeur de
tir. 1 vol. in-4 avec pl., 3me édit., 1849. 6 fr.

EXTRAIT du cours ci-dessus à l'usage des sous-
officiers, caporaux et soldats. 1 vol. in-18 orné
de fig. sur bois dans le texte, 1850.

Paris.—Impr. de Cosse et J. Dumaine, rue Christine.

www.ingramcontent.com/pod-product-compliance
Lightning Source LLC
Chambersburg PA
CBHW070755290326
41931CB00011BA/2022